종일묵상
창세기 1

일러두기

1. 본 교재의 성경 본문은 대한성서공회의 개역개정을 사용했습니다. 다른 번역본과 표현이 다를 수 있습니다.
2. 본문의 해석은 저자의 관점으로 신학적 입장에 따라 차이가 있을 수 있습니다.
3. 본 교재의 도표와 이미지는 이해를 돕기 위한 참고 자료입니다.
4. 교재의 나눔 질문은 개인과 소그룹의 묵상과 토론을 위한 것입니다.
5. 역사적 배경 설명은 책에서 소개한 내용 외에도 다양한 견해가 존재할 수 있습니다.

종일묵상

창세기 1

램프앤라이트

목차

프롤로그

장엄하고 위대한 서사로 가득한 창세기의 세계로 여러분을 초대합니다. 우주의 창조 이야기로부터 시작해 인류의 번성과 그들을 향한 하나님의 놀라운 구원의 역사가 장대하게 펼쳐지는 창세기는 모든 그리스도인에게 성경이 얼마나 흥미롭고 기대감 넘치는 책인지를 경험하게 해주는 기록입니다. 기독교 신앙을 갖지 않은 많은 이들에게도 창세기는 매력적인 성경책으로 손꼽힙니다. 창조 이야기를 과학의 시선으로 해석하고 고대 근동의 역사를 인류학적 관점으로 읽어보며 수천 년 전의 서사를 문학적으로 풀어내는 등 다양한 시도들이 가능하기 때문입니다. 그만큼 창세기에는 학문적 탐구를 위한 수많은 재료와 단서들이 가득합니다. 창세기는 성경 66권의 첫 번째 책이자 나머지 성경을 읽고 이해하는 데 필요한 치밀한 안내서의 역할을 합니다. 창조 기사에서 시작해 인류의 번성, 족보의 등장, 하나님과 인간 사이의 언약, 다양한 부족들의 삶과 사건들은 성경 전체를 이해하기 위해 반드시 머릿속에 담아두어야 할 중요한 정보입니다. 이는 성경 전체에서 울려 퍼지는 심포니의 서곡이자 공동체의 정체성이 세워지는 이야기이며 절대자가 역사 속에 개입하셔서 인간의 문제들을 해결하시는 과정을 보여주는 서사입니다.

제가 창세기를 성경 공부 형태로 만들게 된 이유는 지난 이십여 년간 섬긴 수많은 소그룹에서 함께 울고 웃으며 가장 자주 공부했던 성경이 바로 창세기였기 때문입니다. 저에게 소그룹은 목회의 핵심 현장이자 삶을 이해하고 그리스도인들의 마음을 나누는 최고의 자리였습니다. 일방적인 가르침이나 교육이 아닌 모두가 함께 읽고 해석하고 나누는 창세기 소그룹 성경 공부는 언제나 깊고 뜨거운 참여를 끌어냈습니다. 아마 수십 차례나 창세기를 함께 공부했던 것 같습니다. 그때마다 사건과 인물 속에서 묵직하게 드러나는 하나님의 일하심을 발견하는 영적 희열은 말로 표현하기 어려울 만큼 깊은 감격이었습니다. 창세기를 함께 읽고 묵상하는 것은 오래된 신화나 소설을 읽는 것이 아닙니다. 단순히 흥미로운 역사서를 탐독하는 것도 아닙니다. 저는 이 책이 개인과 작은 공동체들이 창세기의 하나님을 만나는 안내서가 되기를 소망합니다.

이 책은 창세기의 모든 내용을 해석하거나 결론 내리는 권위 있는 해설서가 아닙니다. 오히려 창세기를 더 읽고 싶어지고 그 안의 이야기를 누군가와 함께 나누고 싶어지며 더 깊이 공부하고 싶은 마음이 생기도록 돕는 도구가 되기를 바랍니다. 물론 혼자 이 책으로 창세기를 공부하시는 분들도 계실 것입니다. 그런 분들도 마치 누군가와 함께 공부하는 듯한 분위기와 흐름을 느낄 수 있도록 음성 강의와 나눔의 도구를 마련해 두었습니다. 성경을 학습하는 과정을 넘어 묵상하고, 생각을 나누며, 성령의 놀라운 교제의 현장을 경험할 수 있기를 기대하며 이 책을 기획했습니다.

이런 책은 혼자 힘으로 만들 수 있는 것이 아닙니다. 지난 시간 동안 함께 했던 수많은 창세기 소그룹의 경험과 받은 은혜를 글로 정리하고 적절한 그림과 흥미로운 도구로 구성해 내는 수고는 제 능력만으로는 불가능했습니다. 사라질 수밖에 없는 소그룹 성경 공부 현장을 한 권의 책으로 재현하는 놀라운 일은 램프앤라이트의 기획과 수고 덕분에 가능했습니다. 성령의 내밀한 임재가 이 책을 통해서 경험되기를 간절히 소망하며 기도한 출판사 분들의 믿음의 수고가 있었습니다. 양세진 대표를 비롯한 모든 구성원이 오랜 시간 인내와 성실로 그리고 창조적인 열정으로 이 책을 완성해 주었습니다. 깊이 감사드립니다.

이제 책을 손에 들고 한 장 한 장 넘기게 될 여러분에게 창세기의 하나님이 친히 나타나시기를 기도합니다. 저와 함께 창세기를 공부하며 약속의 하나님을 만나고 그분의 열심과 열방을 향한 회복의 계획을 발견하며 전율했던 수많은 소그룹 멤버들과 동네작은교회의 교우들, 믿음의 동역자들의 나눔과 묵상이 책 안에 담겨 있습니다. 이제 여러분의 차례입니다. 삼위 하나님께서 여러분과 함께 창세기를 읽으며 대화하기를 원하십니다. 설레는 마음으로 여러분을 창세기의 세계로 초대합니다.

하나님 나라를 꿈꾸며

추천사

『종일묵상, 창세기』는 단순히 성경 구절을 해설하는 것을 넘어, 소그룹이라는 실제 목회 현장에서 수십 차례 창세기를 함께 나누며 들은 울음과 고백, 깨달음과 회개의 순간들을 기억하며 빚어졌습니다. 창세기를 향한 오랜 묵상과 목회 현장에서 길어 올린 목사님 특유의 통찰력과 따뜻한 시선이 독자들로 하여금 창세기를 단편적인 지식으로 받아들이는 것이 아니라, 마치 자신들의 이야기처럼 느끼며 삶에 적용할 수 있도록 돕습니다. 그래서 어떤 교재보다도 실제적이며, 어떤 신학서보다도 생동감이 있습니다. 이 책을 읽는 독자들은 머리로만 이해하던 창세기의 이야기들이 마음에 스며드는 경험을 하게 될 것입니다. 하나님이 왜 인간을 창조하셨는지, 죄는 어떻게 세상을 파괴했는지, 그리고 구원의 소망은 어디서 시작되는지를 함께 나누는 이 여정은 개인의 묵상을 넘어 공동체적인 깊은 감동으로 이어질 것입니다. 신앙의 깊이를 더하고 싶은 분들, 그리고 혼란스러운 세상 속에서 흔들리지 않는 영적 기준을 찾고자 하는 모든 분들에게 강력히 추천합니다. 이 책을 통해 하나님이 우리 각자에게 말씀하시고, 지금도 살아 역사하시는 그분의 임재를 깊이 경험하게 될 것입니다. 하나님을 사랑하는 한 사람으로서, 깊은 감동과 신뢰를 담아 이 책을 추천합니다.

유기성 목사 (선한목자교회 원로 목사)

제법 규모가 있는 유원지 혹은 동·식물원에 여러 번 방문했으나 갈 때마다 본 것들만 보고 오는 경우가 적지 않습니다. 하지만 결국 알게 되는 건, 그간 익숙하지 않았던 공간이나 사물들을 아예 들여다볼 생각을 못 했다는 사실입니다. 그리고 그건 의외로, 관람객이 궁금해할 만한 것들을 복잡하지 않게 속 시원히 그리고 명쾌하고 정확하게 알려주는 지도를 손에 들어 본 적이 없었기 때문이라는 사실입니다. 김종일 목사님의 『종일묵상, 창세기』는 '창세기 대공원'에, 매우 친절하고 탁월한 실력을 갖춘 가이드와 함께 나란히 입장한 느낌을 줍니다. 그리하여 설레면서도 크게 안심이 됩니다. 이 섬세한 가이드는 공원 전체의 조망에서부터 각 장소의 존재 이유, 의미, 관찰을 통해 얻을 유익 등을 마주 앉아 대화하듯, 친절하게 구체적으로 알려줍니다. 그 겸손한 친절함에 절로 고마움이 일어납니다. 독자의 눈높이를 존중하려는 겸손한 실력이 단정한 책으로 정돈된 걸 보노라니, 자신의 생각과 주장을 깊이 있어 보이려는 방식으로 기록하려 했던 제 얼굴이 드러나는 느낌마저 들면서, 부끄럽고 숙연해집니다. 창세기를 통해 성도들의 마음에 잘 정돈된 말씀의 눈을 선사해 줄 이 책이 참 감사합니다.

정갑신 목사 (예수향남교회 담임)

이번에 출간된 김종일 목사의 책은 몇 가지 측면에서 창조적 시도와 구성을 의도했다. 그림 언어에 익숙한 시대의 청년과 아이들뿐만 아니라 어른들까지도 접근하기 쉽도록 그림 설명을 담았다. 한날 한날의 맥락들에 신학적인 담론을 담고 종일 묵상할 에세이 형식의 짧은 글을 통해서 생각할 수 있도록 인도한 점도 특이하다. 저자의 의도가 기초되는 주제별 전개가 아니라, 성경이라는 원초적 하나님의 의도를 하나님의 직접 화법 형식으로 접근한 점도 신선하게 느껴진다. 일독을 권한다.

송태근 목사 (삼일교회 담임)

저자가 20여 년간 섬긴 공동체들과 함께 나눈 창세기의 이야기를 아름다운 태피스트리로 직조한 이 책은 성경 66권의 거대 서사를 이해하는 실마리를 제공하는 공동체 성경 읽기의 소중한 산물이다. 오늘날 디지털 플랫폼을 통해 사람들의 공허한 내면을 채우려는 수많은 이야기들이 팔려나가는 상황에서, 교회와 그리스도인이 끝까지 놓지 말아야 할 궁극적 이야기는 성경 이야기이다. 성경적 형성을 고민하는 기독교 신앙의 순례자들이 놓치지 말아야 할 필독서이다.

최형근 교수 (서울신학대학교 교수, 선교학)

폴 리쾨르(Paul Ricoeur)는 “기독교의 역사는 성경에 대한 끊임없는 읽기와 그 성경을 다시 살아있는 말씀으로 변화시키려는 노력의 역사이다.”라고 말했습니다. 김종일 목사님의 『종일묵상, 창세기』는 성경에 담긴 풍부한 의미들을 발견하는 데 도움을 주는 책입니다. 성경을 읽다 보면 누구나 던져 보았을 질문들을, 본문을 중심으로 자연스러우면서도 자기 고백의 통로를 따라 의문을 찾아가도록 만들었습니다. 이 책을 읽다 보면 의문이라는 차를 타고 본문의 터널을 지나 삶의 현장을 여행한 것처럼 느껴집니다. ‘종일묵상’이라는 타이틀처럼 이 책에는 아주 오랜 기간 ‘온종일(終日)’ 말씀을 묵상했던 김종일 목사님의 성경에 대한 폭넓은 이해와 학문적 통찰력 그리고 삶에 대한 이해가 문장 하나하나에 담겨 있습니다. 본문에 대한 통찰력 있는 해설과 실천적 질문 그리고 신학적 깊이가 잘 조화된 이 책은 성경을 알고자 하는 사람에게 좋은 길잡이가 될 것입니다.

라영환 교수 (총신대학교 교수, 조직신학)

Intro : 모든 것의 시작, 창세기

창세기는 모든 '시작'을 다룹니다. 우주의 탄생, 인류의 시작, 모든 생명의 존재, 생태계의 순환 등 이 세상 만물의 시작을 담고 있습니다. 흥미로운 점은 창조의 이야기는 1장과 2장에서 끝이 난다는 점입니다. 창세기의 3장부터 50장까지는 창조보다는 창조된 '사람'이 주제가 되어 창조 세계를 살아가는 인간의 스토리가 이어집니다.

영어로 창세기는 '제네시스(Genesis)'인데 이는 라틴어 '지네레(Gignere)', 즉 '자식을 낳다'라는 단어에서 유래되었습니다. 이를 통해서도 창세기는 세상의 모든 시작, 창조와 동시에 혈통, 즉 족보를 통한 인간의 이야기를 담고 있음을 알 수 있습니다.(히브리어로 창세기는 '베레시트(Bereshit)', '태초에'라는 단어를 제목으로 씁니다.)

창세기의 관심은 '인간'에게 있습니다. 창세기를 읽을 때 '낳고, 낳고, 낳고'가 계속해서 반복되는데, 이 패턴에 담긴 중요한 의미를 발견하는 것은 창세기를 보는 새로운 관점을 제시합니다. 그렇다면 창세기는 왜 '족보'를 자세히 소개할까요? 이를 알아보기 위해서는 창세기가 서술되었던 시대를 살펴볼 필요가 있습니다.

창세기의 저자는 모세입니다. 창세기가 쓰여진(당시에는 구전이지만) 시기는 모세가 이스라엘 백성을 이끌고 출애굽하여 약속의 땅으로 가던 광야의 때였습니다. 이때 이스라엘 민족은 이집트에서 400년이라는 세월을 노예로 살면서 '정체성'이라고 할 수 있는 것을 완전히 잃은 상태였습니다. 모세는 하나님의 뜻을 따라 이러한 사람들에게 우리가 누구인지, 우리의 조상이 누구인지, 나아가 궁극적으로는 우리를 이집트에서 구원하여 주신 하나님이 어떤 분인지를 분명하게 알리고자 하였습니다.

출애굽 후 광야에서 지쳐 있는 이스라엘 민족은 모세의 입을 통해 "태초에 하나님이 천지를 창조하시니라"라는 말씀을 듣고, 결국 그 하나님이 모든 인류를 만드셨고 우리 조상들을 구원해 주셨다는 것을 족보와 사건들을 통해 알게 된 것입니다. 그뿐만 아니라 그 하나님이 지금도 신실하게 우리와 동행하신다는 사실을 듣는 순간, 이스라엘 민족의 정체성과 세계관은 완전히 새로운 것으로 다시 쓰였을 것입니다.

앞으로 우리는 무엇을 배울까요?

창세기는 1장부터 11장, 12장부터 50장까지 크게 2개의 파트로 나뉩니다. 앞쪽은 창조와 인간의 번성, 타락과 심판, 구원의 약속(원시복음)이 등장하는 '원시 역사'를 다룹니다. 12장부터 50장까지는 아브라함, 이삭, 야곱, 요셉으로 이어지는 '족장 시대' 서사를 통해 구원의 약속을 이어가는 하나님의 신실하심을 살펴볼 수 있습니다. 결국 창조에서 시작하여 한 개인(요셉)의 죽음으로 마무리되는 창세기는 우리에게 크고 위대하신 하나님과 세밀하고 친밀하신 하나님 모두를 경험하게 합니다.

이번 책에서는 창세기 1장부터 11장까지의 말씀을 다룹니다. 세상과 인류의 창조, 아담과 하와, 사탄과 선악과, 노아의 방주, 바벨탑 사건 등을 통해 ① 하나님께서 세상을 창조하신 목적과 ② 인간에게 주신 사명, 그러나 ③ 죄로 인해 무너진 인간의 본성과 ④ 그로 인한 심판과 구원의 역사를 배우게 됩니다. 우리는 창세기를 통해 하나님의 주권과 인류를 향한 끊임없는 인내와 은혜를 발견하며 타락한 세상 속에서도 하나님이 준비하신 구원의 약속이 어떻게 이어지는지 살펴보게 될 것입니다. 수천 년 전에 모세를 통해 남기신 이 말씀은 오늘날을 살아가는 우리에게도 동일하게 적용됩니다. 이 책을 통해 창조주 하나님의 사랑과 은혜를 풍성하게 경험하길 소망합니다.

“

창세기가 보여주는
창조의 세계는
더 이상 증명할 것이 없는
하나님의 완전한 역사입니다.

”

Part 01

창조의 시작, 질서의 하나님

Day 01. 천지창조

종일묵상 성경공부 아래 QR 코드에 접속하면 저자 김종일 목사님과 함께 성경 공부를 할 수 있습니다.

종일묵상 창세기 1강

오늘의 기도 아래 기도를 따라 읽으며 성경 공부를 준비해 봅시다.

천지를 지으시고 우리를 만드신 창조의 하나님, 시간의 처음과 끝을 정하신 하나님의 크고 위대하심을 찬양하게 하소서.

복습하기 아래 키워드를 보고 지난 시간의 내용을 기억해 보세요.

모세와 출애굽 | 족보 | 구원의 역사

오늘의 내용

1. 창조의 시작
2. 창조의 방법과 순서
3. 질서의 하나님

오늘의 핵심 구절

태초에 하나님이 천지를 창조하시니라 (창1:1)

오늘의 본문 창세기 1장 1~31절

1태초에 하나님이 천지를 창조하시니라 2땅이 혼돈
하고 공허하며 흑암이 깊음 위에 있고 하나님의 영
은 수면 위에 운행하시니라 3하나님이 이르시되 빛
이 있으라 하시니 빛이 있었고 4빛이 하나님이 보
시기에 좋았더라 하나님이 빛과 어둠을 나누사 5하
나님이 빛을 낮이라 부르시고 어둠을 밤이라 부르
시니라 저녁이 되고 아침이 되니 이는 첫째 날이니
라 6하나님이 이르시되 물 가운데에 궁창이 있어
물과 물로 나뉘라 하시고 7하나님이 궁창을 만드
사 궁창 아래의 물과 궁창 위의 물로 나뉘게 하시
니 그대로 되니라 8하나님이 궁창을 하늘이라 부르
시니라 저녁이 되고 아침이 되니 이는 둘째 날이니
라 9하나님이 이르시되 천하의 물이 한 곳으로 모
이고 뭍이 드러나라 하시니 그대로 되니라 10하나
님이 뭍을 땅이라 부르시고 모인 물을 바다라 부르
시니 하나님이 보시기에 좋았더라 11하나님이 이르
시되 땅은 풀과 씨 맺는 채소와 각기 종류대로 씨
가진 열매 맺는 나무를 내라 하시니 그대로 되어
12땅이 풀과 각기 종류대로 씨 맺는 채소와 각기 종
류대로 씨 가진 열매 맺는 나무를 내니 하나님이
보시기에 좋았더라 13저녁이 되고 아침이 되니 이
는 셋째 날이니라 14하나님이 이르시되 하늘의 궁
창에 광명체들이 있어 낮과 밤을 나뉘게 하고 그것
들로 징조와 계절과 날과 해를 이루게 하라 15또 광
명체들이 하늘의 궁창에 있어 땅을 비추라 하시니
그대로 되니라 16하나님이 두 큰 광명체를 만드사
큰 광명체로 낮을 주관하게 하시고 작은 광명체로
밤을 주관하게 하시며 또 별들을 만드시고 17하나
님이 그것들을 하늘의 궁창에 두어 땅을 비추게 하
시며 18낮과 밤을 주관하게 하시고 빛과 어둠을 나
뉘게 하시니 하나님이 보시기에 좋았더라 19저녁이
되고 아침이 되니 이는 넷째 날이니라 20하나님이
이르시되 물들은 생물을 번성하게 하라 땅 위 하늘
의 궁창에는 새가 날으라 하시고 21하나님이 큰 바
다 짐승들과 물에서 번성하여 움직이는 모든 생물
을 그 종류대로, 날개 있는 모든 새를 그 종류대로
창조하시니 하나님이 보시기에 좋았더라 22하나님
이 그들에게 복을 주시며 이르시되 생육하고 번성
하여 여러 바닷물에 충만하라 새들도 땅에 번성하
라 하시니라 23저녁이 되고 아침이 되니 이는 다섯
째 날이니라 24하나님이 이르시되 땅은 생물을 그
종류대로 내되 가축과 기는 것과 땅의 짐승을 종류
대로 내라 하시니 그대로 되니라 25하나님이 땅의
짐승을 그 종류대로, 가축을 그 종류대로, 땅에 기
는 모든 것을 그 종류대로 만드시니 하나님이 보시
기에 좋았더라 26하나님이 이르시되 우리의 형상
을 따라 우리의 모양대로 우리가 사람을 만들고 그
들로 바다의 물고기와 하늘의 새와 가축과 온 땅과
땅에 기는 모든 것을 다스리게 하자 하시고 27하나
님이 자기 형상 곧 하나님의 형상대로 사람을 창조
하시되 남자와 여자를 창조하시고 28하나님이 그들
에게 복을 주시며 하나님이 그들에게 이르시되 생
육하고 번성하여 땅에 충만하라, 땅을 정복하라,
바다의 물고기와 하늘의 새와 땅에 움직이는 모든
생물을 다스리라 하시니라 29하나님이 이르시되 내
가 온 지면의 씨 맺는 모든 채소와 씨 가진 열매 맺
는 모든 나무를 너희에게 주노니 너희의 먹을거리
가 되리라 30또 땅의 모든 짐승과 하늘의 모든 새
와 생명이 있어 땅에 기는 모든 것에게는 내가 모
든 푸른 풀을 먹을거리로 주노라 하시니 그대로 되
니라 31하나님이 지으신 그 모든 것을 보시니 보시
기에 심히 좋았더라 저녁이 되고 아침이 되니 이는
여섯째 날이니라

1-1 하나님의 말씀으로 창조된 세상

#창조, #시작, #요1:1

대초에

하나님이

천지를

창조하시니라

창세기 1장 1절

창조의 선언, 존재하는 모든 것의 시작

창세기의 시작은 모든 존재에 대한 찬란한 선포입니다. 하나님께서 세상을 창조하셨다는 이 선언은 우리의 인생과 자연, 그리고 온 만물을 존재하게 하신 분이 누구이신지를 분명히 보여 줍니다. **"태초에 하나님이 천지를 창조하시니라"**라는 창세기 1장 1절은 단순히 세상의 기원을 설명하는 것이 아니라, 만물의 존재 자체가 하나님의 창조로부터 비롯되었음을 선포하는 말씀입니다.

인간은 이성과 사유, 창조의 능력을 부여받았습니다. 그러나 이것은 인간 스스로 얻은 것이 아니라 창조주 하나님으로부터 온 것입니다. 하나님께서 창조하신 세상은 단순한 물질의 조합이 아니라 그분의 뜻과 계획이 담긴 질서 있는 세계입니다. 인간이 이루어낸 문명과 지적 활동조차도 하나님의 창조를 근간으로 합니다. 그러므로 하나님 없이 존재의 근원을 탐구하는 것은 본질을 잃은 탐구이며 궁극적으로 허무에 이를 수밖에 없습니다.

창조의 말씀이신 예수 그리스도

하나님께서는 말씀으로 세상을 창조하셨습니다. 이는 요한복음 1장 1절과 연결됩니다. **"태초에 말씀이 계시니라 이 말씀이 하나님과 함께 계셨으니 이 말씀은 곧 하나님이시니라"** 창조의 순간부터 하나님의 말씀이 함께하셨으며 모든 피조물은 그 말씀을 통해 존재하게 되었습니다(요한복음 1:3). 창세기의 "태초"와 요한복음의 "태초"는 서로 맞닿아 있으며 이를 통해 우리는 창조의 주체가 되시는 하나님과 예수 그리스도의 신비로운 연합을 발견할 수 있습니다.

창세기 1장 1절로 시작되는 하나님의 창조 행위는 단순한 우주의 기원이 아니라, 우리에게 주어진 사랑의 선물입니다. 그 창조의 선포는 무한한 영광과 경이로움을 향한 초대이며 하나님과 함께하는 존재로서 우리의 근본을 일깨워 줍니다.

1-2 창조 이전의 세상

#혼돈, #공허, #흑암, #무질서, #성령

땅이 혼돈하고 공허하며 흑암이 깊음 위에 있고
하나님의 영은 수면 위에 운행하시니라
(창1:2)

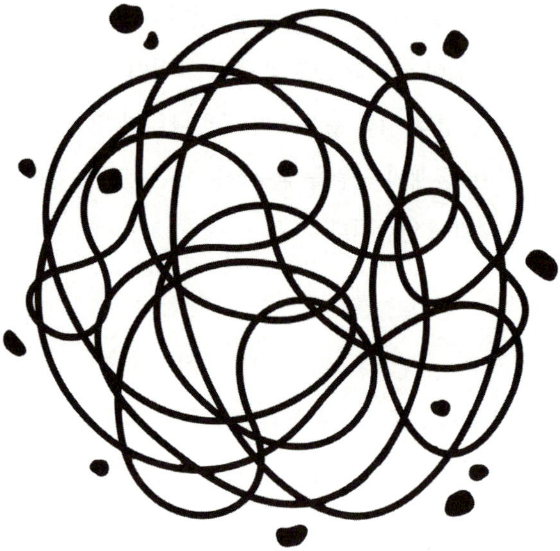

창조 이전의 시대는
어떤 의미도 없는 '허무'의 상태,
'무질서'한 상태(카오스)입니다.

창조 이전의 상태

창세기 1장 2절은 창조 이전의 세계를 설명합니다. 이 구절을 통해 우리는 창조 이전의 세계가 '혼돈(카오스)'으로 가득했다는 사실을 알 수 있습니다. '혼돈, 공허, 흑암'은 단순히 형태 없는 공간을 묘사하는 것이 아니라 완전한 무질서와 의미 없는 허무함을 나타냅니다. 다시 말해 단순히 아무것도 없는 상태가 아니라, 그 어떤 질서도 존재하지 않으며 삶과 빛의 흔적이 전혀 없는 깊은 혼돈의 세계였습니다.

창조를 준비하시는 성령 하나님

그러나 바로 이 혼돈과 허무함 위에 '하나님의 영(루아흐)'이 운행하고 계셨습니다. 히브리어 '루아흐'는 '바람', '숨결', '영(Spirit)'이란 의미로 성령의 존재를 나타냅니다. 이는 창조 사역이 시작되기 전부터 성령께서 역사하고 계셨음을 보여 주는 말씀입니다. 앞에서 창세기 1장 1절과 연결되는 요한복음 1장 1절이 예수 그리스도와 창조의 관계를 조명했다면 창세기 1장 2절은 성령님께서 창조의 과정에서 능동적으로 역사하셨음을 나타냅니다. 성령께서는 혼돈 속에서 생명의 질서를 부여하시며 창조의 동역자로 등장하십니다.

신학자들은 이런 의미에서 하나님의 창조를 라틴어 '크레아치오 엑스 니힐로(Creatio ex nihilo)', 즉 '무에서의 창조'라는 개념으로 이해합니다. 하나님께서는 무질서와 혼돈에서 질서와 의미를 창조하셨습니다. 창조 이전의 세계는 온전한 허무였지만, 하나님의 영이 운행하심으로 질서의 시작이 마련되었습니다.

이처럼 성령님의 운행하심은 창조를 향한 하나님의 계획과 의지를 보여 주며 무질서한 세계를 질서로 이끄는 하나님의 섭리를 드러냅니다. 창조는 단순한 형상의 출현이 아니라, 혼돈과 허무 속에서 하나님의 뜻이 실현되는 과정이었던 것입니다.

1-3 허무와 무질서를 깬 창조의 시작

#말씀으로, #질서대로

창세기 1장 3절에서 31절 말씀을 통해 본격적인 창조의 방법과 순서가 나옵니다.

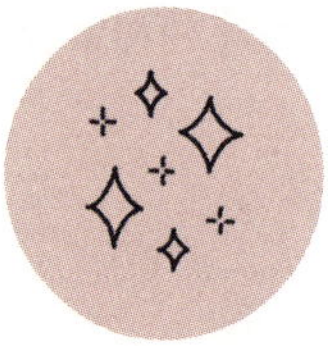

첫째 날 : 빛 (창세기 1:3~5)

빛이 창조됨(빛과 어두움을 나누심)
빛을 낮이라 칭하시고, 어둠을 밤이라 칭하심

둘째 날 : 궁창과 물의 나뉨 (창세기 1:6~8)

궁창(하늘)을 만드심
궁창 아래의 물과 궁창 위의 물을 나누심

셋째 날 : 땅과 바다, 식물들 (창세기 1:9~13)

땅과 바다를 나누심
땅에서 풀, 채소, 나무와 같은 식물을 나게 하심

넷째 날 : 해, 달, 별 (창세기 1:14~19)

해, 달, 별과 같은 광명체를 만드심
낮과 밤을 나누며, 계절과 날과 해를 구별하도록 하심
* 이집트의 신적 존재였던 해, 달, 별도 하나님의 창조물임을 선포

다섯째 날 : 물고기, 새 (창세기 1:20~23)

물속의 생물(물고기 등)과 공중의 새를 창조하심
생물들에게 생육하고 번성하라고 복을 주심

여섯째 날 : 땅 위의 짐승, 사람 (창세기 1:24~31)

땅 위의 짐승과 가축을 만드시고,
마지막으로 인간을 창조하심

창조의 방법과 순서

3하나님이 이르시되 빛이 있으라 하시니 빛이 있었
고 4빛이 하나님이 보시기에 좋았더라 하나님이 빛
과 어둠을 나누사 5하나님이 빛을 낮이라 부르시고
어둠을 밤이라 부르시니라 저녁이 되고 아침이 되니
이는 첫째 날이니라 6하나님이 이르시되 물 가운데
에 궁창이 있어 물과 물로 나뉘라 하시고 7하나님이
궁창을 만드사 궁창 아래의 물과 궁창 위의 물로 나
뉘게 하시니 그대로 되니라 8하나님이 궁창을 하늘
이라 부르시니라 저녁이 되고 아침이 되니 이는 둘
째 날이니라 9하나님이 이르시되 천하의 물이 한 곳
으로 모이고 뭍이 드러나라 하시니 그대로 되니라 10
하나님이 뭍을 땅이라 부르시고 모인 물을 바다라
부르시니 하나님이 보시기에 좋았더라 11하나님이
이르시되 땅은 풀과 씨 맺는 채소와 각기 종류대로
씨 가진 열매 맺는 나무를 내라 하시니 그대로 되어
12땅이 풀과 각기 종류대로 씨 맺는 채소와 각기 종
류대로 씨 가진 열매 맺는 나무를 내니 하나님이 보
시기에 좋았더라 13저녁이 되고 아침이 되니 이는 셋
째 날이니라 14하나님이 이르시되 하늘의 궁창에 광
명체들이 있어 낮과 밤을 나뉘게 하고 그것들로 징
조와 계절과 날과 해를 이루게 하라 15또 광명체들이
하늘의 궁창에 있어 땅을 비추라 하시니 그대로 되
니라 16하나님이 두 큰 광명체를 만드사 큰 광명체로
낮을 주관하게 하시고 작은 광명체로 밤을 주관하게
하시며 또 별들을 만드시고 17하나님이 그것들을 하
늘의 궁창에 두어 땅을 비추게 하시며 18낮과 밤을
주관하게 하시고 빛과 어둠을 나뉘게 하시니 하나님
이 보시기에 좋았더라 19저녁이 되고 아침이 되니 이
는 넷째 날이니라 20하나님이 이르시되 물들은 생물
을 번성하게 하라 땅 위 하늘의 궁창에는 새가 날으
라 하시고 21하나님이 큰 바다 짐승들과 물에서 번성
하여 움직이는 모든 생물을 그 종류대로, 날개 있는
모든 새를 그 종류대로 창조하시니 하나님이 보시기
에 좋았더라 22하나님이 그들에게 복을 주시며 이르
시되 생육하고 번성하여 여러 바닷물에 충만하라 새
들도 땅에 번성하라 하시니라 23저녁이 되고 아침이
되니 이는 다섯째 날이니라 24하나님이 이르시되 땅
은 생물을 그 종류대로 내되 가축과 기는 것과 땅의
짐승을 종류대로 내라 하시니 그대로 되니라 25하나
님이 땅의 짐승을 그 종류대로, 가축을 그 종류대로,
땅에 기는 모든 것을 그 종류대로 만드시니 하나님
이 보시기에 좋았더라 26하나님이 이르시되 우리의
형상을 따라 우리의 모양대로 우리가 사람을 만들고
그들로 바다의 물고기와 하늘의 새와 가축과 온 땅
과 땅에 기는 모든 것을 다스리게 하자 하시고 27하
나님이 자기 형상 곧 하나님의 형상대로 사람을 창
조하시되 남자와 여자를 창조하시고 28하나님이 그
들에게 복을 주시며 하나님이 그들에게 이르시되 생
육하고 번성하여 땅에 충만하라, 땅을 정복하라, 바
다의 물고기와 하늘의 새와 땅에 움직이는 모든 생
물을 다스리라 하시니라 29하나님이 이르시되 내가
온 지면의 씨 맺는 모든 채소와 씨 가진 열매 맺는 모
든 나무를 너희에게 주노니 너희의 먹을거리가 되리
라 30또 땅의 모든 짐승과 하늘의 모든 새와 생명이
있어 땅에 기는 모든 것에게는 내가 모든 푸른 풀을
먹을거리로 주노라 하시니 그대로 되니라 31하나님
이 지으신 그 모든 것을 보시니 보시기에 심히 좋았
더라 저녁이 되고 아침이 되니 이는 여섯째 날이니라

궁금해요

어떻게 해가 없이 빛이 만들어지고, 낮과 밤이 나뉘었을까?

1:5하나님이 빛을 낮이라 부르시고 어둠을 밤이라 부르시니라 저녁이 되고 아침이 되니 이는 첫째
날이니라… 16하나님이 두 큰 광명체를 만드사 큰 광명체로 낮을 주관하게 하시고 작은 광명체로
밤을 주관하게 하시며 또 별들을 만드시고 17하나님이 그것들을 하늘의 궁창에 두어 땅을 비추게
하시며 18낮과 밤을 주관하게 하시고 빛과 어둠을 나뉘게 하시니 하나님이 보시기에 좋았더라 19저
녁이 되고 아침이 되니 이는 넷째 날이니라

Q. 창조의 순서를 보면, 하나님은 첫째 날에 빛을 만드시고 낮과 밤을 나누셨습니다. 그런데 해는 넷째 날에야 창조되었다는 점이 이상하게 느껴집니다. 그렇다면 첫째 날의 빛은 무엇일까요? 해 없이 빛이 있을 수 있을까요? 또 해 없이 어떻게 낮과 밤이 나뉘었을까요?

A. 우주를 이해하는 데 있어 빛은 가장 중요한 기준입니다. 암흑 물질로 온 세상이 덮여 있지만 빛이 존재하기에 우리는 관찰과 해석, 탐사와 연구가 가능해졌습니다. 빛은 빅뱅 이론부터 시작해 행성과 은하계를 넘어 우주의 거리와 크기 등 많은 것을 이해하는 데 꼭 필요합니다. 그런 면에서 빛의 창조는 온 우주를 존재케 하기 위한 가장 본질적이면서도 핵심적인 창조의 우선순위였음을 알 수 있습니다.

1절에서 말씀하시는 '빛'은 우리가 알고 있는 광명체에서 나오는 빛을 넘어 근원적인 빛으로 이해할 수 있습니다. 이러한 근원적 빛을 창조하신 하나님은 해와 달이 없어도 낮과 밤을 나누실 수 있는 분이십니다. 인간적인 지식의 한계를 넘어 전능하신 창조주 하나님을 묵상해 봅시다.

궁금해요

창세기에서 하루는 왜 '아침'이 아닌 '저녁'부터 나올까?

1:5하나님이 빛을 낮이라 부르시고 어둠을 밤이라 부르시니라 저녁이 되고 아침이 되니 이는 첫째 날이니라

Q. 우리는 보통 아침부터 하루를 시작하는데, 창세기 1장 5절에서는 왜 저녁부터 하루가 시작되었을까요?

A. 창조 기사에서 반복되는 '저녁이 되고 아침이 되니'라는 표현에 대해 성경에는 명확한 설명이 나오지 않습니다. 하지만 그 이유를 여러 가지로 생각해 볼 수 있습니다. 먼저, 하나님의 사역이 주로 밤에 이루어졌다는 점에서 저녁이 먼저 언급되었을 가능성이 있습니다. 기독교 역사에서 가장 중요한 사건인 예수님의 탄생은 밤에 이루어졌고 하나님께서 이스라엘 백성을 애굽에서 구원하신 일도 밤중에 일어났으며 최후의 만찬 역시 저녁 시간이었습니다. 또한 이는 우리의 쉼 가운데서도 일하시는 하나님을 보여줍니다. 우리는 저녁이 되면 피곤한 몸을 쉬게 하기 위해 잠자리에 들지만, 하나님은 우리가 잠든 동안에도 우리의 삶을 보호하시고 만물을 운행하십니다. 하나님께 밤은 단순한 휴식의 시간이 아니라, 하나님이 일하시는 영적인 시간입니다. 그래서 유대인의 전통에서는 안식일이 금요일 해질 때부터 시작됩니다. 하나님께서 시간을 주실 때, 밤부터 하루를 시작하도록 정하셨기 때문입니다.

이처럼 창세기에서 하루를 저녁부터 세기 시작하는 것은 피조물인 인간의 쉼과 한계를 넘어 새로운 아침을 준비하시는 하나님의 일하심을 보여주는 뜻깊은 표현이라고 할 수 있습니다.

1-4 창조 순서에서 나타난 질서의 세계

#순서, #질서, #배려, #섭리

창조의 순서를 첫째-넷째, 둘째-다섯째, 셋째-여섯째 날로 연결 지어 봅시다.

첫째 날 — 넷째 날

빛
(낮과 밤)

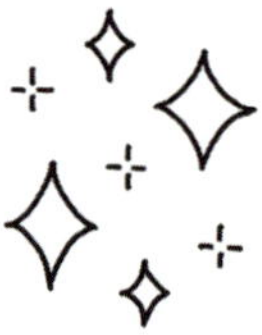

해와 달
광명체(별)

둘째 날 — 다섯째 날

궁창
(하늘과 바다)

새와
바다 생물

셋째 날 — 여섯째 날

땅과 식물

동물과 사람

창조 이전
무질서(카오스)

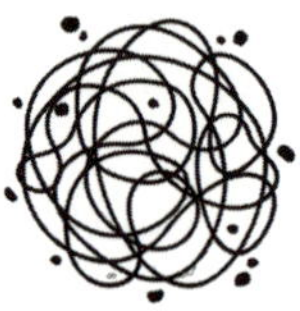

→

창조 이후
질서의 세계

질서의 하나님

창조의 순서를 깊이 들여다보면 첫째 날과 넷째 날, 둘째 날과 다섯째 날, 셋째 날과 여섯째 날이 서로 연결되는 구조를 확인할 수 있습니다. 이는 창조가 단순한 나열이 아니라, 철저한 계획과 질서 속에서 이루어졌음을 보여 줍니다.

첫째, 둘째, 셋째 날에 창조된 것은 일종의 토대이며 넷째, 다섯째, 여섯째 날에 창조된 것은 그 토대 위에서 살아가는 존재들입니다. 쉽게 말해 앞선 세 날 동안 하나님께서는 생명이 머물 공간과 환경을 조성하셨고 이후의 세 날 동안 그 공간을 채우는 피조물들을 창조하셨습니다. 예를 들어, 첫째 날 하나님께서 빛을 창조하신 후 넷째 날 빛을 주관하는 해와 달과 별을 만드셨고 둘째 날 하늘과 바다를 구분하신 후 다섯째 날 하늘의 새와 바다의 물고기를 창조하셨습니다. 셋째 날 땅과 식물이 조성된 후 여섯째 날 땅 위에 식물을 먹으며 살아가는 동물과 사람을 창조하셨습니다.

이처럼 창조의 순서를 통해 우리는 하나님의 중요한 성품을 발견할 수 있습니다. 그것은 바로 '질서의 하나님'이십니다. 창조는 무질서한 혼돈 속에서 무작위로 이루어진 것이 아니라, 생명이 지속적으로 살아갈 수 있도록 정교하게 설계된 과정이었습니다. 하늘이 없이는 새가 존재할 수 없고, 바다가 없이는 물고기가 살 수 없으며, 땅 없이는 짐승과 사람이 살아갈 수 없습니다. 하나님께서는 먼저 환경을 마련하시고 그 안에 생명을 채우심으로써 창조의 질서를 세우셨습니다.

창세기 1장의 창조 이야기는 단순한 기원이 아니라, 하나님께서 혼돈을 질서로 바꾸시는 과정입니다. 창조 이전의 세상은 의미 없는 무질서와 혼돈(카오스)이었지만, 하나님께서는 계획과 목적에 따라 세상을 조성하시고 생명을 불어넣으셨습니다. 이처럼 하나님의 창조는 무에서 존재를, 허무에서 의미를, 혼돈에서 질서를 세우시는 역사입니다.

꼭 기억합시다!

① 온 우주 만물은 하나님께서 창조하셨습니다.

1:1 태초에 하나님이 천지를 창조하시니라

② 하나님은 말씀으로 천지를 창조하셨습니다.

1:3 하나님이 이르시되 빛이 있으라 하시니 빛이 있었고

③ 창조 이전의 세상은 허무와 무질서로 가득한, 아무런 의미도 없는 '무(無)'의 상태였습니다.

1:2 땅이 혼돈하고 공허하며 흑암이 깊음 위에 있고…

④ 창조 사역은 성부, 성자, 성령께서 함께하셨습니다.

1:2 땅이 혼돈하고 공허하며 흑암이 깊음 위에 있고 하나님의 영은 수면 위에 운행하시니라

요 1:1 태초에 말씀이 계시니라 이 말씀이 하나님과 함께 계셨으니 이 말씀은 곧 하나님이시니라

⑤ 창조의 순서를 통해 우리는 '질서의 하나님'을 경험할 수 있습니다.

오늘의 나눔

① "하나님께서 세상을, 그리고 나를 창조하셨다"라는 사실은 여러분에게 어떤 의미로 다가오나요? 창조주 하나님이 나의 시작이라는 사실이 내 정체성과 삶의 목적에 어떤 영향을 주나요?

② 하나님께서 '말씀'으로 세상을 창조하셨다는 것은 어떤 의미일까요? 하나님의 말씀에는 어떤 힘이 있다고 생각하나요?

③ 하나님은 말씀으로 천지를 창조하셨고 요한복음 1장에 따르면 그 말씀은 곧 예수 그리스도라고 합니다. '말씀이 곧 예수님'이라는 표현을 어떻게 이해하고 있나요?

④ 창조의 과정 중에 나타난 질서를 보면 어떤 생각이 드시나요? 나의 생활에서 하나님의 질서가 필요한 부분이 있나요?

마무리 기도

천지를 창조하신 하나님, 저희를 빚으시고 온 천하 만물에 하나님의 형상으로 우리를 존재하게 하시니 감사합니다. 우리 안에 하나님이 온전히 드러나고 하나님다움이 마음껏 나타나는 그러한 인생이 되기를 소망합니다.

Day 02. 완전한 창조와 하나님의 형상(Imago Dei)

종일묵상 성경공부 아래 QR 코드에 접속하면 저자 김종일 목사님과 함께 성경 공부를 할 수 있습니다.

종일묵상 창세기 2강

오늘의 기도 아래 기도를 따라 읽으며 성경 공부를 준비해 봅시다.

오늘 이 시간을 통해 완전하신 하나님의 완전한 창조를 찬양하며 지으심 받은 대로 하나님의 형상을 드러내는 삶을 살게 하소서.

복습하기 아래 키워드를 보고 지난 시간의 내용을 기억해 보세요.

허무와 공허 | 질서의 하나님 | 예수님과 성령님

오늘의 내용

1. 완전한 창조
2. 죄, 과녁을 빗나간 화살
3. 하나님의 형상대로 지어진 인간

오늘의 핵심 구절

하나님이 자기 형상 곧 하나님의 형상대로 사람을 창조하시되 남자와 여자를 창조하시고 (창1:27)

오늘의 본문 창세기 1장 1~31절

1태초에 하나님이 천지를 창조하시니라 2땅이 혼돈
하고 공허하며 흑암이 깊음 위에 있고 하나님의 영
은 수면 위에 운행하시니라 3하나님이 이르시되 빛
이 있으라 하시니 빛이 있었고 4빛이 하나님이 보
시기에 좋았더라 하나님이 빛과 어둠을 나누사 5하
나님이 빛을 낮이라 부르시고 어둠을 밤이라 부르
시니라 저녁이 되고 아침이 되니 이는 첫째 날이니
라 6하나님이 이르시되 물 가운데에 궁창이 있어
물과 물로 나뉘라 하시고 7하나님이 궁창을 만드
사 궁창 아래의 물과 궁창 위의 물로 나뉘게 하시
니 그대로 되니라 8하나님이 궁창을 하늘이라 부르
시니라 저녁이 되고 아침이 되니 이는 둘째 날이니
라 9하나님이 이르시되 천하의 물이 한 곳으로 모
이고 뭍이 드러나라 하시니 그대로 되니라 10하나
님이 뭍을 땅이라 부르시고 모인 물을 바다라 부르
시니 하나님이 보시기에 좋았더라 11하나님이 이르
시되 땅은 풀과 씨 맺는 채소와 각기 종류대로 씨
가진 열매 맺는 나무를 내라 하시니 그대로 되어
12땅이 풀과 각기 종류대로 씨 맺는 채소와 각기 종
류대로 씨 가진 열매 맺는 나무를 내니 하나님이
보시기에 좋았더라 13저녁이 되고 아침이 되니 이
는 셋째 날이니라 14하나님이 이르시되 하늘의 궁
창에 광명체들이 있어 낮과 밤을 나뉘게 하고 그것
들로 징조와 계절과 날과 해를 이루게 하라 15또 광
명체들이 하늘의 궁창에 있어 땅을 비추라 하시니
그대로 되니라 16하나님이 두 큰 광명체를 만드사
큰 광명체로 낮을 주관하게 하시고 작은 광명체로
밤을 주관하게 하시며 또 별들을 만드시고 17하나
님이 그것들을 하늘의 궁창에 두어 땅을 비추게 하
시며 18낮과 밤을 주관하게 하시고 빛과 어둠을 나
뉘게 하시니 하나님이 보시기에 좋았더라 19저녁이
되고 아침이 되니 이는 넷째 날이니라 20하나님이
이르시되 물들은 생물을 번성하게 하라 땅 위 하늘
의 궁창에는 새가 날으라 하시고 21하나님이 큰 바
다 짐승들과 물에서 번성하여 움직이는 모든 생물
을 그 종류대로, 날개 있는 모든 새를 그 종류대로
창조하시니 하나님이 보시기에 좋았더라 22하나님
이 그들에게 복을 주시며 이르시되 생육하고 번성
하여 여러 바닷물에 충만하라 새들도 땅에 번성하
라 하시니라 23저녁이 되고 아침이 되니 이는 다섯
째 날이니라 24하나님이 이르시되 땅은 생물을 그
종류대로 내되 가축과 기는 것과 땅의 짐승을 종류
대로 내라 하시니 그대로 되니라 25하나님이 땅의
짐승을 그 종류대로, 가축을 그 종류대로, 땅에 기
는 모든 것을 그 종류대로 만드시니 하나님이 보시
기에 좋았더라 26하나님이 이르시되 우리의 형상
을 따라 우리의 모양대로 우리가 사람을 만들고 그
들로 바다의 물고기와 하늘의 새와 가축과 온 땅과
땅에 기는 모든 것을 다스리게 하자 하시고 27하나
님이 자기 형상 곧 하나님의 형상대로 사람을 창조
하시되 남자와 여자를 창조하시고 28하나님이 그들
에게 복을 주시며 하나님이 그들에게 이르시되 생
육하고 번성하여 땅에 충만하라, 땅을 정복하라,
바다의 물고기와 하늘의 새와 땅에 움직이는 모든
생물을 다스리라 하시니라 29하나님이 이르시되 내
가 온 지면의 씨 맺는 모든 채소와 씨 가진 열매 맺
는 모든 나무를 너희에게 주노니 너희의 먹을거리
가 되리라 30또 땅의 모든 짐승과 하늘의 모든 새
와 생명이 있어 땅에 기는 모든 것에게는 내가 모
든 푸른 풀을 먹을거리로 주노라 하시니 그대로 되
니라 31하나님이 지으신 그 모든 것을 보시니 보시
기에 심히 좋았더라 저녁이 되고 아침이 되니 이는
여섯째 날이니라

2-1 하나님이 보시기에 좋았더라

#보시기에, #좋았더라, #심히, #좋았더라

창조 과정 중에 반복되는 표현 : '보시기에 좋았더라'

빛이 하나님이 보시기에 좋았더라 하나님이 빛과 어둠을 나누사 (창1:4)
…물을 땅이라 부르시고 모인 물을 바다라 부르시니 하나님이 보시기에 좋았더라 (창1:10)
…각기 종류대로 씨 가진 열매 맺는 나무를 내니 하나님이 보시기에 좋았더라 (창1:12)
…빛과 어둠을 나뉘게 하시니 하나님이 보시기에 좋았더라 (창1:18)
…날개 있는 모든 새를 그 종류대로 창조하시니 하나님이 보시기에 좋았더라 (창1:21)
…땅에 기는 모든 것을 그 종류대로 만드시니 하나님이 보시기에 좋았더라 (창1:25)
하나님이 지으신 그 모든 것을 보시니 보시기에 **심히** 좋았더라… (창1:31)

'보시기에 좋았더라'에 담긴 '창조 세계의 완벽함'

하나님께서는 4절, 10절, 12절, 18절, 21절, 25절, 31절을 통해서 창조의 과정마다 "보시기에 좋았더라"라고 말씀하십니다. 이 구절을 읽을 때 어떤 느낌이 드시나요? 이 말씀에는 하나님께서 만드신 모든 것이 ① 아름답고 완전하며, ② 질서있게 목적에 부합하며, ③ 그 자체로 선하다는 의미가 담겨 있습니다.

단순히 창조된 것들을 바라보는 것이 아니라 그 안에 담긴 조화와 목적을 기뻐하시는 하나님의 마음을 엿볼 수 있습니다. 이 표현의 반복은 하나님의 창조가 의도적이고 완벽한 질서 속에서 이루어졌으며, 모든 만물이 하나님 보시기에 만족스러웠다는 점을 강조합니다.

진화론과 비교할 수 없는 창조의 완성

또한 "보시기에 좋았더라"는 하나님의 평가를 의미합니다. 하나님께서는 천지를 창조하시고 피조물들을 바라보실 때마다 '완벽하다'는 결론을 내리셨습니다. 여기서 완벽하다는 것은 단순히 창조된 결과물이 흠이 없다는 의미뿐만 아니라, 창조의 과정이 완전히 끝났으며 모든 것이 완성되었다는 뜻도 포함하고 있습니다.

창조에 대해 이야기할 때 과학계에서 반드시 등장하는 개념이 있습니다. 바로 진화론입니다. 진화론에서 '론(Theory)'은 완전히 입증되지 않은 가설적 개념, 즉 여전히 증명해 나가는 과정임을 뜻합니다. 반면에 '만유인력의 법칙'처럼 '법칙(Law)'은 이미 사실로 확립되어 더 이상 증명할 필요가 없는 개념을 뜻하죠. 이처럼 진화론은 완벽하게 증명된 것이 아니라 연구가 계속 진행되고 있는 이론입니다. 물론 과학적 관점에서는 창조 역시 '창조론'으로 분류하지만, 성경은 그렇게 말하고 있지 않습니다. 성경은 "보시기에 좋았더라"라는 표현을 통해 하나님의 창조가 이미 완전하게 끝난 역사적 사실임을 선언하고 있습니다. 창세기가 보여주는 창조의 세계는 더 이상 증명할 것이 없는 하나님의 완전한 성취입니다.

심히 좋았더라

창세기 1장 31절을 보면 여섯째 날의 평가는 조금 다르다는 것을 알 수 있습니다. 하나님께서는 인간을 마지막으로 모든 창조를 마치신 후 "**보시기에 심히 좋았더라**"라고 말씀하십니다. "심히 좋았더라"는 표현은 개별 창조물의 완성도를 넘어서 6일 동안 이뤄진 창조의 과정과 모든 창조물에 대한 하나님의 극찬입니다. 특별히 이 구절은 창조 과정의 하이라이트가 '인간'의 창조임을 강조하는 표현이기도 합니다. 그동안의 창조 과정은 결국 하나님의 형상대로 창조된 인간이 하나님과 교제하며 살아가는 모든 환경을 조성한 것이기 때문입니다.

2-2 완전한 창조 세계를 벗어난 '죄'

#과녁, #빗나간화살, #죄의어원

흔히 생각하는 죄	≠	**죄의 어원적 의미**
사기, 거짓말, 폭행, 살인 등 (주로 윤리적, 법적 문제들)		하나님의 뜻하심을 벗어난 것 (과녁을 빗나간 화살)

성경은 죄의 개념을

'과녁을 빗나간 화살'로 표현합니다.

즉, 하나님의 뜻에 벗어난 모든 것이 죄입니다.

지금 세상은 왜 창조의 완벽한 모습을 잃어버렸을까?

그럼 이런 의문을 가지는 분들도 있을 것입니다. "하나님이 세상을 완벽하게 창조하셨는데, 오늘날 세상은 왜 이토록 혼란스러울까?" 맞습니다. 하나님께서 분명히 완전하게 창조하신 세상인데, 현실을 보면 자연재해, 질병, 범죄, 기아 등 여러 가지 문제가 발생합니다. 이 질문에 답하기 위해서는 먼저 성경이 말하는 '죄'의 개념을 살펴봐야 합니다. 우리가 일반적으로 생각하는 죄는 주로 사기, 거짓말, 폭행, 살인처럼 윤리적 혹은 법적인 잘못입니다. 그러나 성경이 말하는 죄는 이보다 훨씬 더 본질적인 개념입니다. 성경은 죄를 '과녁을 빗나간 화살'에 비유합니다.

과녁을 빗나간 화살

히브리어로 '죄를 짓다'라는 단어인 '하타(ḥāṭā)'는 원래 '빗맞히다, 목표에서 벗어나다'라는 뜻을 갖고 있습니다. 신약에서도 가장 자주 사용되는 죄를 나타내는 단어 '하마르티아(hamartia)'는 '과녁을 놓치다'라는 의미의 헬라어 '하마르타노(hamartanō)'에서 유래되었습니다. 즉, 성경이 말하는 죄란 행동의 잘못을 넘어서 하나님의 뜻이라는 목표에서 벗어난 상태를 가리킵니다.

그렇다면 이 화살은 왜 과녁을 빗나가게 되었을까요? 이 질문은 우리가 창세기를 통해 앞으로 깊이 있게 다루게 될 핵심 주제이기도 합니다. 성경은 인간이 하나님과 맺은 언약에서 벗어나 자기중심적인 선택을 했을 때, 그 순간부터 인생의 화살은 과녁을 벗어나기 시작했다고 말합니다. 즉, 하나님의 뜻과 말씀이 아닌 인간 자신의 생각과 판단을 기준 삼으면 하나님의 질서와 조화에서 이탈하게 되는 것입니다. 우리가 오늘날 겪고 있는 고통과 불안, 불의와 혼란은 단지 겉으로 드러난 현상일 뿐, 그 뿌리에는 하나님의 뜻에서 벗어난 죄의 결과가 자리하고 있습니다.

성경이 말하는 완전한 세상과 오늘날의 불완전한 세상 사이에는 '죄'라는 근본적인 단절이 존재한다는 사실을 기억하는 것이 앞으로 창세기를 이해하는 데 매우 중요한 단서가 될 것입니다.

2-3 하나님의 형상대로 창조된 인간

#하나님의형상, #남자와여자

하나님이 자기 형상 곧 **하나님의 형상대로 사람을 창조하시되**
남자와 여자를 창조하시고 (창1:27)

하나님	창조주, 형상의 원천

인간	하나님의 형상을 반영하는 존재

피조 세계	인간을 통해 하나님의 질서와 성품을 경험

하나님의 형상대로 창조된 인간

창세기 1장 27절을 보면 인간의 창조에는 이전의 어떤 창조 과정에서도 등장하지 않았던 특별한 표현이 나옵니다. 바로 '하나님의 형상대로'라는 말입니다. 다른 모든 피조물과는 달리, 오직 인간만이 하나님의 형상을 따라 창조되었다는 점은 성경이 인간을 어떻게 바라보는지를 잘 보여주는 대목입니다. 신학적으로는 이를 '이마고 데이(Imago Dei)'라고 부르며, 여기서 '이마고(Imago)'는 우리가 잘 아는 '이미지(Image)'라는 단어의 어원입니다. 즉, 인간은 하나님의 모습과 성품을 반영하는 존재, 하나님의 영광을 드러내는 대표자로 창조되었다는 뜻입니다.

기억하십시오. 우리는 하나님의 형상을 나타내는 존재입니다. 지금 내 삶의 상태가 어떻든, 처한 상황이 어떻든, 가장 근본적인 정체성은 하나님을 드러내기 위해 창조된 존재라는 사실입니다. 인간은 단순히 숨 쉬는 생명체가 아닙니다. 하나님의 형상을 담고 그 형상을 이 땅에 나타내기 위해 보내진 소중한 존재입니다.

에덴 동산에서 모든 동식물들이 하나님을 발견하는 방법

에덴 동산에서 인간은 단지 하나의 피조물로서 존재했던 것이 아닙니다. 인간은 하나님의 형상을 반영하는 존재로서, 창조된 모든 생명체는 인간을 통해 하나님의 성품과 뜻, 질서를 경험할 수 있었습니다. 최초의 인간인 아담과 하와는 삼위 하나님의 성품을 품은 자들이었습니다. 그래서 에덴의 모든 생명체는 인간을 볼 때, 그 안에 반영된 하나님의 다스림, 지혜, 인격, 돌봄을 엿볼 수 있었던 것입니다.

그 결과 동물들은 인간에게 자발적으로 순종하고 인간은 모든 피조 세계를 하나님의 대리자로서 다스릴 수 있는 권위를 가질 수 있었습니다. 에덴 동산에서의 질서와 조화는 바로 인간을 통해 하나님의 형상이 나타났을 때 가능한 것이었습니다.

궁금해요

하나님은 왜 '나의 형상을 따라'가 아닌 '우리의 형상을 따라'라고 말씀하셨을까요?

1:26하나님이 이르시되 우리의 형상을 따라 우리의 모양대로 우리가 사람을 만들고 그들로 바다
의 물고기와 하늘의 새와 가축과 온 땅과 땅에 기는 모든 것을 다스리게 하자 하시고 27하나님이
자기 형상 곧 하나님의 형상대로 사람을 창조하시되 남자와 여자를 창조하시고

Q. '우리의 형상을 따라 우리의 모양대로 우리가 사람을 만들고'라는 말씀은 어떤 의미가 있는 건가요?

A. 하나님께서 세상을 창조하신 일은 삼위일체 하나님의 완전한 연합과 협력 속에서 이루어진 신비로운 사역입니다. 성경은 하나님을 성부 하나님, 성자 예수님, 성령님 세 위격(位格)으로 계시하며, 이 세 위격은 각각 독립적인 인격을 가지시되 본질에 있어서 하나이신 유일하신 하나님이십니다. 이러한 삼위일체의 신비는 인간의 이성으로는 온전히 헤아릴 수 없지만, 성경 곳곳에서 그 단서를 찾을 수 있습니다.

'우리의 형상', '우리의 모양'이라는 표현은 삼위일체 하나님의 공동체성과 상호적 사랑의 관계를 전제합니다. 창세기의 이 표현은 하나님께서 혼자가 아니셨음을 곧 성부와 성자와 성령께서 함께 계획하고 함께 역사하셨음을 보여주는 말씀입니다.

요1:1태초에 말씀이 계시니라 이 말씀이 하나님과 함께 계셨으니 이 말씀은 곧 하나님이시니라
2그가 태초에 하나님과 함께 계셨고
3만물이 그로 말미암아 지은 바 되었으니 지은 것이 하나도 그가 없이는 된 것이 없느니라

요한복음 1장은 성자 예수 그리스도께서 창조의 순간부터 하나님과 함께 계셨으며 그리스도를 통하지 않고는 그 무엇도 존재할 수 없음을 명확하게 증거합니다. 또한 창세기 1장 2절에 나타난 성령님은 수면 위를 운행하시며 혼돈과 공허 속에 생명의 기운을 불어넣으셨고 창조된 인간 안에 하나님의 생기를 불어넣으시는 주체로 등장합니다.

그렇기 때문에 하나님은 '나의 형상'이 아니라 '우리의 형상'을 따라 사람을 창조하셨다고 말씀하신 것입니다. 인간은 단순한 피조물이 아니라, 하나님과 교제할 수 있는 영적 존재로 지음 받은 특별한 존재입니다.

이 말씀은 단순한 신학적 진술을 넘어서 인간이 누구인지를 이해하고 살아가는 방식에 깊은 통찰을 줍니다. 우리는 하나님의 형상을 따라 창조되었기에 하나님과의 교제 속에서 자신의 참된 정체성을 발견할 수 있습니다. 또한 '우리의 형상'이라는 복수형 표현은 삼위 하나님처럼 인간도 관계적 존재임을 강조합니다. 사람은 혼자 살아가도록 지음 받은 존재가 아닙니다. 공동체 안에서 서로 사랑하고, 돕고, 협력하며 살아갈 때에 비로소 하나님의 형상을 온전히 드러낼 수 있습니다.

우리는 하나님과 인격적으로 교제하며, 이웃과의 관계 속에서 사랑과 섬김을 실천함으로써 삼위 하나님의 관계성과 사랑을 세상 속에 드러내야 합니다.

2-4 인간에게 주신 명령, '문화 명령'

#충만, #정복, #다스림, #문화명령

하나님이 그들에게 복을 주시며 하나님이 그들에게 이르시되 생육하고 번성하여 땅에 충만하라, 땅을 정복하라, 바다의 물고기와 하늘의 새와 땅에 움직이는 모든 생물을 다스리라 하시니라 (창1:28)

충만하라

정복하라

다스리라

하나님이 인간에게 주신 세 가지 명령

창세기 1장 28절을 보면 하나님께서는 하나님의 형상을 담아 창조한 유일한 존재인 인간에게 아주 구체적인 명령을 주셨습니다. 하나님께서는 인간에게 먼저 복을 주신 후, 세 가지 중요한 사명을 맡기십니다.

1) 생육하고 번성하여 땅에 충만하라

2) 땅을 정복하라

3) 모든 생물을 다스리라

이 말씀은 흔히 '하나님의 문화 명령(Cultural Mandate)'이라고 불립니다. 여기서 '문화(Culture)'라는 단어는 라틴어 'Cultura(땅을 경작하다)'에서 유래되었습니다. 즉, 문화란 단순히 자연 그대로의 상태를 유지하는 것이 아니라, 인간이 노력하여 새로운 가치를 창조하고 발전시키는 활동을 의미합니다. 즉, 하나님께서는 창조 때부터 인간에게 문화를 만들고 확장시키는 창조적 사명을 맡기신 것입니다. 이제 각각의 명령을 조금 더 깊이 살펴보겠습니다.

1) 생육하고 번성하여 땅에 충만하라

이 명령은 가정을 이루고, 아이를 낳고, 자녀를 양육하는 모든 과정이 하나님의 축복 안에 있다는 것을 보여줍니다. 단순히 인구 숫자를 늘리는 것이 아니라 하나님의 형상을 담은 존재들이 세상 곳곳에 퍼져 나가 그분의 영광을 나타내야 합니다.

2) 땅을 정복하라

여기서 '정복하라'는 말은 단순히 억누르거나 파괴하라는 뜻이 아닙니다. 오히려 아무것도 정리되지 않은 공간을 개척하고 발전시키는 창조적 행위를 말합니다. 또한 하나님께서는 인간이 한곳에 정착하여 머무르지 않고 땅을 개척하며 발전시키기를 원하셨습니다.

3) 모든 생물을 다스리라

'다스리라'는 명령은 권력적인 지배의 의미가 아닙니다. 오히려 인간은 하나님의 형상을 닮은 존재로서 하나님의 마음과 성품을 따라 세상을 돌보는 역할을 감당해야 합니다. 에덴 동산에서 아담이 동물의 이름을 짓는 장면은 바로 이러한 대리 통치자로서의 모습을 보여줍니다. 이름을 짓는다는 행위는 단순한 명명(命名) 작업이 아니라, 하나님의 창조 사역에 동참하며 피조물을 책임 있게 돌보고 다스리는 행위였던 것입니다.

하나님은 우리에게 세 가지 명령을 주시기에 앞서 먼저 복을 주셨습니다. 우리는 하나님의 축복을 받음으로써 그분이 맡기신 사명을 잘 감당할 수 있습니다. 그렇기에 우리는 목적 없이 그저 살아갈 수 없습니다. 하나님께서 주신 이 세 가지 명령은 오늘을 살아가는 우리에게도 여전히 유효한 부르심임을 기억합시다.

꼭 기억합시다!

① '보시기에 좋았더라'라는 말씀은 창조에 대한 하나님의 평가이자, 창조가 더 이상 증명할 필요 없는 완전한 성취임을 나타냅니다.

1:31 하나님이 지으신 그 모든 것을 보시니 보시기에 심히 좋았더라…

② 우리는 죄에 대해 흔히 윤리적, 위법적 행위만을 생각하지만, 성경은 죄를 완전한 하나님의 질서를 벗어난 것으로 '과녁을 빗나간 화살'로 비유합니다.

③ 인간, 즉 남자와 여자는 '하나님의 형상'대로 창조된 고귀한 존재입니다.

1:27 하나님이 자기 형상 곧 하나님의 형상대로 사람을 창조하시되 남자와 여자를 창조하시고

④ 창세기 1장 26절의 '우리의 형상을 따라 우리의 모양대로 우리가 사람을 만들고'라는 말씀을 통해 성부, 성자, 성령의 삼위일체 하나님께서 태초부터 함께 하셨음을 알 수 있습니다.

1:26 하나님이 이르시되 우리의 형상을 따라 우리의 모양대로 우리가 사람을 만들고…

⑤ 하나님은 인간에게 복을 주시며 '충만하라, 정복하라, 다스리라'라는 문화 명령을 주심으로써 우리에게 창조적 사명을 맡기셨습니다.

1:28 하나님이 그들에게 복을 주시며 하나님이 그들에게 이르시되 생육하고 번성하여 땅에 충만하라, 땅을 정복하라, 바다의 물고기와 하늘의 새와 땅에 움직이는 모든 생물을 다스리라 하시니라

오늘의 나눔

① 하나님은 이 세상을 더없이 완벽한 곳으로 창조하셨습니다. 하지만 지금의 세상에는 온갖 악함이 넘쳐납니다. 성경은 죄를 '과녁을 빗나간 화살'로 비유합니다. 요즘 나의 삶에서 고민하고 있는 '빗나간 화살'은 무엇입니까?

② 우리는 하나님의 형상대로 지음을 받았습니다. 하나님의 형상대로 살아간다는 것이 나의 일상에 어떤 영향을 주고 있나요? 내 주변 사람에게도 하나님의 형상을 느끼고 있나요?

③ 하나님의 창조 사역은 성부, 성자, 성령, 삼위 하나님께서 함께 이루신 일입니다. 공동체 안에서 하나 됨과 연합을 이루는 삶을 살고 있나요? 어렵다면 무슨 이유 때문일까요?

④ 하나님이 내게 맡기신 삶의 영역(가정, 일터, 학교, 관계 등) 중, 요즘 내가 가장 책임 있게 다스려야 할 영역은 어디인가요?

마무리 기도

사랑의 하나님, 만물을 창조하시고 '보시기에 좋았더라'라고 말씀해 주셔서 감사합니다. 하나님이 창조하신 모습 그대로 하나님의 형상을 닮아 살아갈 수 있도록 도와주세요. 성부, 성자, 성령의 모습이 내 안에 충만할 수 있도록 해주세요.

“

창조의 하나님은
인간을 창조하신 후
일과 노동에 대한 요구보다
축복과 거룩과 쉼의 날을
먼저 경험하게 하셨습니다.

”

Part 02

안식일을 주신 하나님

Day03 안식일을 주신 하나님

창조 역사의 마지막 날, 안식일

안식일, 일의 보상이 아닙니다

안식일을 지킨다는 것

Day 03. 안식일을 주신 하나님

종일묵상 성경공부 아래 QR 코드에 접속하면 저자 김종일 목사님과 함께 성경 공부를 할 수 있습니다.

종일묵상 창세기 3강

오늘의 기도 아래 기도를 따라 읽으며 성경 공부를 준비해 봅시다.

오늘 이 시간을 통해 안식일을 주신 하나님의 축복과 그 목적하심을 기억하고 안식을 거룩하게 지키게 하소서.

복습하기 아래 키워드를 보고 지난 시간의 내용을 기억해 보세요.

보시기에 좋았더라 | 과녁을 빗나간 화살 | 하나님의 형상

오늘의 내용

1. 안식일의 의미
2. 안식일에 담긴 축복
3. 안식일을 주신 이유

오늘의 핵심 구절

하나님이 그 일곱째 날을 복되게 하사 거룩하게 하셨으니 이는 하나님이 그 창조하시며 만드시던 모든 일을 마치시고 그 날에 안식하셨음이니라 (창2:3)

오늘의 본문 창세기 2장 1~6절

1 천지와 만물이 다 이루어지니라

2 하나님이 그가 하시던 일을 일곱째 날에 마치시니 그가 하시던 모든 일을 그치고 일곱째 날에 안식하시니라

3 하나님이 그 일곱째 날을 복되게 하사 거룩하게 하셨으니 이는 하나님이 그 창조하시며 만드시던 모든 일을
마치시고 그 날에 안식하셨음이니라

4 이것이 천지가 창조될 때에 하늘과 땅의 내력이니 여호와 하나님이 땅과 하늘을 만드시던 날에

5 여호와 하나님이 땅에 비를 내리지 아니하셨고 땅을 갈 사람도 없었으므로 들에는 초목이 아직 없었고
밭에는 채소가 나지 아니하였으며

6 안개만 땅에서 올라와 온 지면을 적셨더라

3-1 창조 역사의 마지막 날, 안식일

#일곱째날, #안식

천지와 만물이 다 이루어지니라 하나님이 그가 하시던 일을 일곱째 날에 마치시니 그가 하시던 모든 일을 그치고 일곱째 날에 안식하시니라 (창2:1~2)

안식은 창조와 별개가 아니라

창조 역사의 피날레입니다.

창조 역사의 마지막 날, 안식일

창조의 역사에서 마지막으로 살펴볼 것은 '안식일'입니다. 하나님께서는 여섯째 날까지 창조의 사역을 이루신 후, 일곱째 날에는 안식하셨습니다. 다시 말해, 창조를 마치시고 휴식을 가지신 것입니다. 그렇다면 하나님께서는 왜 마지막 날에 안식하셨을까요? 피곤하셨기 때문일까요? 그렇지 않습니다. 우리가 먼저 이해해야 할 중요한 사실은 안식도 창조 과정의 일부라는 것입니다. 즉, 창조와 안식은 별개의 개념이 아니라 창조 안에 안식이 포함되어 있습니다.

인간에게 안식이 반드시 필요한 이유

하나님께서 창조의 과정 속에 안식을 두셨다는 것은 인간이 살아가는 삶 속에도 반드시 안식이 필요하다는 의미를 내포합니다. 그러나 아이러니하게도 인간은 쉼을 부정적으로 보거나 심지어 정죄하는 경향이 있었습니다. 경제적으로 성공하는 사람일수록 더욱 그런 경향이 있기도 합니다. 하지만 성경은 안식의 필요에 대해 분명히 말합니다. 하나님께서는 일하는 시간만큼의 하루를 온전히 쉬셨습니다. 그렇다면 하나님께서는 왜 안식하셨을까요? 이에 대한 답은 창세기 2장 3절에서 찾을 수 있습니다.

2:3 하나님이 그 일곱째 날을 복되게 하사 거룩하게 하셨으니 이는 하나님이 그 창조하시며 만드시던 모든 일을 마치시고 그 날에 안식하셨음이니라

결국 안식은 단순히 일을 멈추는 것이 아니라 하나님의 창조를 완성하는 마지막 조각이었습니다. 하나님께서 안식 속에 거룩함을 두셨다는 사실은 우리가 살아가는 삶에도 의미 있는 쉼이 반드시 필요하다는 것을 보여줍니다. 쉼은 믿음의 행위이며 창조의 본을 따르는 순종입니다.

3-2 안식일, 일의 보상이 아닙니다

#인간이, #처음으로, #행한일, #안식

인간에게 주어진 첫 번째 미션, 안식!

첫째 날	둘째 날	셋째 날	넷째 날	다섯째 날	여섯째 날	일곱째 날
빛, 어둠	궁창, 바다	뭍, 식물	광명체	새, 바다 생물	사람, 짐승	**안식(쉼)**

우리가 생각하는 안식은?
일하고 쉬는 것

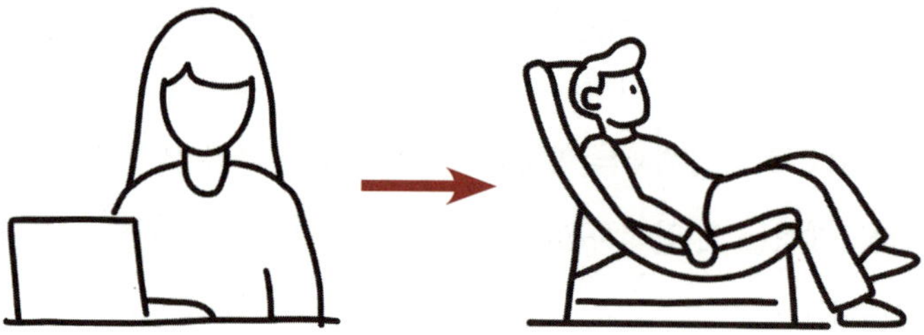

하나님이 인간에게 주신 안식은?
쉬고 일하는 것

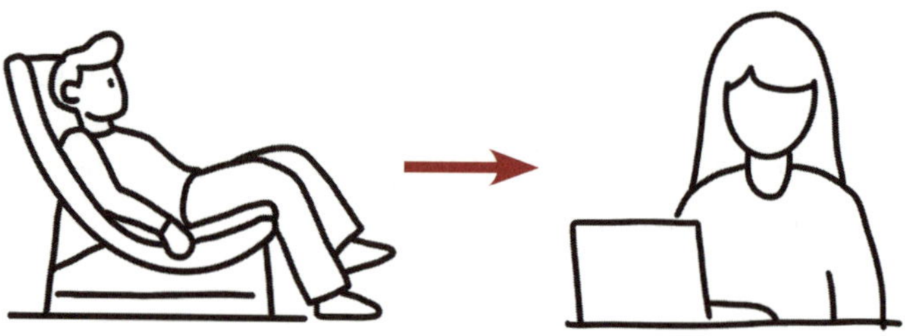

안식일의 순서에 담긴 하나님의 축복

일반적으로 우리는 일을 한 후에 쉬는 것에 익숙합니다. 노동의 대가로 휴식을 얻고 때로는 우리가 한 일의 보상으로 쉼을 누리기도 합니다. 하지만 놀랍게도 창세기에 나타난 쉼은 다릅니다. 많은 분들이 하나님이 아담에게 주신 첫 번째 일은 '이름 짓기'라고 생각합니다. 하지만 성경을 잘 보면 그렇지 않습니다. 하나님께서 인간을 창조하시고 가장 먼저 시키신 일은 안식, 즉 하나님과 함께 쉬는 것이었습니다. 아담은 하나님이 창조하신 세상을 하나님과 함께 누리는 안식을 가장 먼저 경험한 후, 그 다음에 하나님이 주신 일을 합니다. 일을 하고 쉬는 것이 아니라, 먼저 쉼을 누리고 일을 한 것입니다.

쉼은 일의 보상 아닌 일의 시작입니다

하나님 나라에서 안식은 일에 대한 평가와 보상에 따라 주어지는 것이 아닌 인간에게 복을 주시고 함께 누리고자 하신 첫 번째 미션입니다. 하나님께서는 여섯째 날 인간을 창조하셨고 곧바로 일곱째 날을 안식일로 정하셨습니다. 즉, 인간은 창조된 직후 곧바로 안식을 누린 것입니다. 우리는 일주일 동안 열심히 일하고 주일을 지켜 예배한다고 생각하기 쉽지만, 사실은 하나님께 예배하는 것으로 한 주를 시작하는 것입니다. 신앙이 깊어질수록 쉼을 가볍게 여겨서는 안 됩니다. 신앙심이 좋을수록 교회에서 여러 가지 봉사를 하는 경우가 많은데, 지나친 봉사로 안식일에 쉼을 전혀 누리지 못한다면 이는 옳지 않습니다. 왜냐하면 안식은 단순한 안식일(주일)이 아니라, 하나님을 경험하고 복을 얻으며 세상을 살아갈 힘을 공급받는 시간이기 때문입니다. 같은 맥락으로 예수님도 안식을 강조하셨습니다.

수고하고 무거운 짐 진 자들아 다 내게로 오라 내가 너희를 쉬게 하리라 (마태복음 11:28)

하나님 나라는 안식과 쉼이 있는 곳입니다. 창세기를 통해 쉼과 안식일의 의미를 깊이 생각해 보고 하나님이 주신 복된 쉼을 온전히 누릴 수 있기를 바랍니다.

3-3 안식일을 지킨다는 것

#축복, #거룩, #안식

하나님이 그 일곱째 날을 ① 복되게 하사 ② 거룩하게 하셨으니 이는 하나님이 그 창조하시며 만드시던 모든 일을 마치시고 그 날에 ③ 안식하셨음이니라 (창2:3)

1. 축복하기(복되게 하사)

하나님의 복을 받음
서로 축복하기
주변 사람을 격려, 칭찬, 위로하는 날

2. 예배하기(거룩하게 하시고)

거룩은 하나님의 성품
예배를 통해 하나님을 만나 거룩을 경험하기

3. 휴식하기(안식하심)

말 그대로의 휴식
진정한 쉼을 누리는 날

안식일의 의미와 우리가 해야 할 일

하나님은 창세기 2장 3절 말씀을 통해 안식일의 참 의미와 우리가 안식일에 해야 할 세 가지를 이야기해 주십니다.

1) 축복하기

먼저 하나님은 안식일에 '복'을 주셨습니다. 우리가 잘 아는 '블레싱(Blessing)'입니다. 안식일에 우리는 하나님의 복을 받게 됩니다. 복의 근원이신 하나님으로부터 복을 받아 우리의 일상을 축복의 날로 채울 수 있게 됩니다. 또한 우리는 안식일에 서로를 축복해야 합니다. 예배에 함께한 지체들을 격려하고, 칭찬하며, 위로해야 합니다. 우리 가족들과 주변의 이웃들을 축복해야 합니다. 하나님이 그렇게 하셨기 때문입니다.

2) 예배하기

두 번째로 하나님은 안식일을 '거룩하게' 하셨습니다. 안식일은 거룩하신 하나님을 더욱 가까이 경험하는 특별한 날입니다. 그래서 우리는 주일에 하나님을 예배하며 하나님의 거룩하심을 경험해야 합니다. 물론 예배가 아닌 일상에서도 하나님을 만날 수 있지만, 함께 모이는 예배를 통해 더욱 친밀하게 하나님의 성품을 경험하는 특별한 시간을 가져야 합니다.

3) 휴식하기

마지막으로 하나님은 '안식하셨다(쉬셨다)'라고 말씀하십니다. 이 표현은 말 그대로 휴식을 의미합니다. 안식일은 진정한 쉼을 누리는 날이어야 합니다. 휴식을 방해할 정도로 교회에서 맡은 일이 너무 많은 것은 옳지 않습니다. 교회는 성도들이 주일에 예배하며 충분한 휴식을 누릴 수 있도록 배려해야 합니다. 인간에게는 일상의 분주한 일들을 내려놓고 온전히 휴식하는 하루가 꼭 필요합니다.

하나님께서 안식일에 담아주신 이 세 가지 의미를 기억합시다. 하나님이 주시는 복을 누리며 서로 축복하고, 거룩하신 하나님을 예배하며, 참된 쉼을 누리는 일에 더욱 관심을 기울여야겠습니다.

꼭 기억합시다!

① 하나님은 창조 일곱째 날에 안식하심으로 안식 또한 창조의 일부임을 보여주셨습니다.

2:2 하나님이 그가 하시던 일을 일곱째 날에 마치시니 그가 하시던 모든 일을 그치고 일곱째 날에 안식하시니라

② 인간에게 주어진 가장 첫 번째 미션은 하나님과 함께 쉬는 안식이었습니다. 인간은 여섯째 날 창조된 후, 곧바로 일곱째 날 안식일을 맞이합니다. 이는 안식이 인간의 수고에 대한 보상이 아닌 하나님의 은혜와 축복임을 나타냅니다.

③ 하나님은 안식일을 통해 우리에게 복을 주시고(축복), 거룩하게 하시며(예배), 안식(휴식)하게 하셨습니다.

2:3 하나님이 그 일곱째 날을 복되게 하사 거룩하게 하셨으니 이는 하나님이 그 창조하시며 만드시던 모든 일을 마치시고 그 날에 안식하셨음이니라

오늘의 나눔

① 나는 '쉼 없이 일하는 것'이 오히려 불신앙일 수 있다는 사실을 얼마나 인식하고 있나요? 하나님께서 쉬셨다는 사실이 내 시간 관리, 일상 루틴에 어떤 도전이 되나요?

② 현실적으로 주일을 누리지 못하는 직업군이라면(혹은 주변에 그런 분들이 계시다면) 어떤 방식으로 하나님이 주신 안식을 누릴 수 있을까요?

③ 나의 주일 하루를 살펴볼까요? 나는 하나님께서 말씀하신 안식일의 축복과 거룩함의 경험과 안식을 충분히 누리고 있나요?

④ 안식일의 의미를 회복하기 위해 내가 실천할 수 있는 작은 변화는 무엇일까요?

마무리 기도

우리에게 참 안식이 되시는 하나님 아버지, 주님이 주신 안식을 소중히 여기며 이웃들을 축복하고 하나님께 예배하며 편안히 쉼을 누리는 풍성한 축복이 있게 해주세요.

“

하나님의 창조 세계의 절정은
인간을 만드시는 모습에서 나타납니다.
피조물의 대표로, 하나님과 가장 친밀한
관계를 유지할 수 있는 존재로
남자와 여자가 창조된 것입니다.

”

Part 03

인간, 부부 가정, 교회

Day04 하나님이 창조하신 인간

인간, 하나님의 영을 부여받은 유일한 존재

미션1 : 경작하고 지키라

미션2 : 이름을 지어줘라

가정, 인간에게 주어진 첫 번째 공동체

Day05 돕는 배필과 가정 공동체

여자의 창조와 돕는 배필의 의미

여성을 창조하신 하나님의 특별한 과정

창세기가 가르쳐 주는 결혼의 참 의미

Day 04. 하나님이 창조하신 인간

종일묵상 성경공부 아래 QR 코드에 접속하면 저자 김종일 목사님과 함께 성경 공부를 할 수 있습니다.

종일묵상 창세기 4강

오늘의 기도 아래 기도를 따라 읽으며 성경 공부를 준비해 봅시다.

오늘 이 시간을 통해 우리 모두는 하나님의 영을 받은 유일하고 귀한 존재임을 깨닫고 그 지으신 목적대로 살게 하소서.

복습하기 아래 키워드를 보고 지난 시간의 내용을 기억해 보세요.

안식일의 의미 / 안식일에 담긴 축복 / 안식일을 주신 이유

오늘의 내용

1. 하나님의 영을 받은 인간
2. 경작과 이름 짓기
3. 첫 번째 공동체, 가정

오늘의 핵심 구절

여호와 하나님이 땅의 흙으로 사람을 지으시고 생기를 그 코에 불어넣으시니 사람이 생령이 되니라 (창2:7)

오늘의 본문 창세기 2장 7~20절

7 여호와 하나님이 땅의 흙으로 사람을 지으시고 생기를 그 코에 불어넣으시니 사람이 생령이 되니라
8 여호와 하나님이 동방의 에덴에 동산을 창설하시고 그 지으신 사람을 거기 두시니라
9 여호와 하나님이 그 땅에서 보기에 아름답고 먹기에 좋은 나무가 나게 하시니 동산 가운데에는 생명
나무와 선악을 알게 하는 나무도 있더라
10 강이 에덴에서 흘러 나와 동산을 적시고 거기서부터 갈라져 네 근원이 되었으니
11 첫째의 이름은 비손이라 금이 있는 하윌라 온 땅을 둘렀으며
12 그 땅의 금은 순금이요 그 곳에는 베델리엄과 호마노도 있으며
13 둘째 강의 이름은 기혼이라 구스 온 땅을 둘렀고
14 셋째 강의 이름은 힛데겔이라 앗수르 동쪽으로 흘렀으며 넷째 강은 유브라데더라
15 여호와 하나님이 그 사람을 이끌어 에덴 동산에 두어 그것을 경작하며 지키게 하시고
16 여호와 하나님이 그 사람에게 명하여 이르시되 동산 각종 나무의 열매는 네가 임의로 먹되
17 선악을 알게 하는 나무의 열매는 먹지 말라 네가 먹는 날에는 반드시 죽으리라 하시니라
18 여호와 하나님이 이르시되 사람이 혼자 사는 것이 좋지 아니하니 내가 그를 위하여 돕는 배필을 지으리라
하시니라
19 여호와 하나님이 흙으로 각종 들짐승과 공중의 각종 새를 지으시고 아담이 무엇이라고 부르나 보시려고
그것들을 그에게로 이끌어 가시니 아담이 각 생물을 부르는 것이 곧 그 이름이 되었더라
20 아담이 모든 가축과 공중의 새와 들의 모든 짐승에게 이름을 주니라 아담이 돕는 배필이 없으므로

4-1 인간, 하나님의 영을 부여받은 유일한 존재

#흙, #사람, #생기, #생령

여호와 하나님이 땅의 흙으로 사람을 지으시고
생기를 그 코에 불어넣으시니 사람이 생령이 되니라 (창2:7)

인간에게만 주신 하나님의 특별한 선물

생기 : 루아흐 [rûwach]
고대 히브리어로 '영, 호흡'

구분	인간	그 외 생명체
공통점	흙으로 지으심	
차이점	**코에 생기를 불어넣으심**	생기를 넣지 않음

인간, 하나님의 영을 부여받은 유일한 존재

창세기 2장 7절은 인간 창조의 결정적인 특징을 보여줍니다. 하나님께서 사람을 흙으로 지으신 점은 다른 생명체들과 같지만, 오직 사람에게만 허락된 특별한 차이가 있었습니다. 하나님은 사람의 코에 직접 생기(루아흐)를 불어넣으셨습니다. 히브리어 '루아흐'는 단순한 호흡이 아니라, 영(spirit)을 의미합니다. 즉, 하나님께서 주신 이 생기는 생물학적 숨결을 넘어 하나님의 영이 직접 임한 생명이었습니다. 이로써 인간은 단순히 살아 있는 생명체가 아니라, 하나님의 영으로 살아 움직이는 존재, 곧 생령이 된 것입니다.

이 사실은 인간의 본질을 잘 설명해 줍니다. 인간은 단지 흙으로 빚어진 물리적 육체를 가진 존재가 아니라, 하나님의 형상을 따라, 하나님의 영을 부여받은 영적인 존재입니다. 생물학적인, 물질적인 삶뿐만 아니라 하나님과 교제할 수 있는 영적인 특권을 누릴 수 있는 것입니다. 성경은 이를 통해 인간이 영과 육을 함께 지닌 독특한 피조물임을 강조하며 하나님과의 관계 속에서 참된 삶을 살아가도록 초대하고 있습니다.

성령의 감동에 순종해야 하는 이유

이것은 우리의 삶에 중요한 의미입니다. 우리의 삶이라는 것이 하나님과 교제하며 영적인 삶을 살아가도록 창조되었기 때문입니다. 하나님이 불어넣으신 그 '영'이 바로 우리가 하나님과 연결될 수 있는 이유이며 그것이 인간 존재의 본질적인 가치입니다. 그렇기에 우리는 하나님을 알고 그의 뜻을 깨닫고 삶의 순간마다 성령의 인도하심을 받을 수 있으며, 또 그렇게 살아야 하는 것입니다. 성령으로 감동되는 많은 순간은 오직 인간에게만 허락하신 하나님의 특별한 은혜임을 기억합시다.

4-2 미션1 : 경작하고 지키라

#에덴동산, #경작, #돌봄, #소명

여호와 하나님이 그 사람을 이끌어 에덴 동산에 두어 그것을 경작하며 지키게 하시고 (창2:15)

부족함이 없던 에덴 동산에서
하나님은 왜 인간에게 경작과 관리의 임무를 주셨을까요?

땀 흘려 일하는
노동(일)의 임무

하나님이 허락하신 세상을
관리하고 지키는 임무

'노동'은 창조 때부터 인간에게 주신 미션

일을 하고 성과를 내고 인정받을 때 존재감을 느끼는 이유!

일을 통해 존재감을 느끼는 이유

하나님께서는 인간을 창조하신 후 에덴 동산에 머물게 하셨습니다. 그러나 단순히 그곳에서 쉬게 하신 것이 아니라, '경작하고 지키라'는 임무를 주셨습니다. 이는 인간이 단지 존재하는 것에 그치지 않고 하나님이 주신 세상을 관리하고 돌보는 책임을 맡은 존재임을 보여줍니다.

현대의 많은 사람들은 수고 없이 살아가는 삶을 이상적으로 여깁니다. 하지만 실제로는 일이 없는 상태가 오히려 인간에게 공허함과 무의미함을 안겨줄 때가 많습니다. 은퇴 후 깊은 허탈감을 느끼는 이들이나 아무런 책임이 없는 시간 속에서 불안함을 느끼는 청년들, 아직 노동을 경험하지 않은 아이들이 부모의 '일'을 흉내내며 놀이하는 모습은 인간 안에 '일'을 향한 내면의 본능이 있다는 사실을 보여줍니다.

일은 소명입니다

에덴 동산은 부족함이 없는 곳이었습니다. 그러나 하나님은 그 풍요로운 동산 안에서도 인간에게 일을 맡기셨습니다. 이는 곧, '일하는 것'이 인간의 생존을 위한 고통스러운 수단이 아니라, 창조 때부터 인간에게 부여하신 소명임을 보여줍니다. 노동은 단순한 의무가 아니라, 하나님이 인간에게 주신 사명입니다. '경작하고 지키라'라는 하나님의 명령은 육체적 노동을 넘어서 세상을 돌보고 가꾸는 일에 우리를 동역자로 부르신 것입니다. 인간은 일을 통해 성취감을 경험하고 자신이 하나님의 형상을 따라 창조된 존재임을 실감하게 됩니다.

결국, 일은 우리 삶을 유지하기 위한 수단이기 이전에 하나님의 창조 질서에 참여하는 통로입니다. 우리는 일이라는 사명을 통해 세상을 더 나은 방향으로 이끌고 하나님의 뜻을 이 땅 가운데 이루어가게 됩니다. 그렇기에 인간은 일할 때 존재의 의미를 느끼고 하나님께로부터 부여받은 정체성과 가치를 회복하게 되는 것입니다.

4-3 미션2 : 이름을 지어줘라

#이름짓기, #청지기, #위임

여호와 하나님이 흙으로 각종 들짐승과 공중의 각종 새를 지으시고 아담이 무엇이라고 부르나 보시려고 그것들을 그에게로 이끌어 가시니 아담이 각 생물을 부르는 것이 곧 그 이름이 되었더라 아담이 모든 가축과 공중의 새와 들의 모든 짐승에게 이름을 주니라…

(창2:19~20)

'이름 짓기'의 3가지 의미

① 본질(Origin)을 규정, ② 인간과 다른 존재들 사이의 관계성 정립, ③ 하나님의 일을 받음

하나님의 역할을 받아 임무를 수행하는 '아담'

인간은 하나님의 형상을 닮은 것뿐만 아니라 영적인 존재로 창조되었기 때문에

하나님과 같은 권위를 받아 다른 피조물을 다스릴 수 있습니다.

이름을 지어주는 것의 의미

창세기 2장 19~20절을 보면 하나님께서는 아담에게 에덴 동산을 경작하고 지키는 임무뿐 아니라, 동물들의 이름을 짓는 역할도 맡기셨습니다. 이것은 단순히 동물에게 특정 단어를 붙여주는 행위가 아니었습니다. 성경에서 '이름을 지어주는 일'은 누군가에게 별명을 지어주는 것처럼 가벼운 행위가 아닙니다. 해당 존재의 본질(Origin)을 규정하고 서로의 질서와 관계를 정립하는 의미가 있습니다. 하나님께서 직접 이름을 정하시지 않고 인간에게 그 역할을 맡기셨다는 점은 인간이 단순한 피조물이 아니라, 하나님의 뜻을 위임받은 존재라는 것을 더욱 분명히 합니다. 아담이 이름을 부르자 모든 동물들이 그 이름을 받아들였고 그것이 공식적인 이름으로 인정되었다는 것은 인간에게 부여된 권위가 실제로 피조 세계 안에서 유효하게 작동했다는 증거입니다. 아담은 하나님으로부터 받은 지혜와 통찰을 따라 피조물의 본질에 맞는 이름을 부여했습니다. 이를 통해 피조 세계는 더욱 뚜렷하게 존재를 규정하며 질서를 갖추게 되었습니다.

인간은 하나님의 대리자(청지기)입니다

결국 '이름을 짓는' 행위는 인간이 하나님의 대리자, 곧 청지기로 부름받았다는 사실을 잘 보여줍니다. 하나님께서 아담에게 동물들의 이름을 짓게 하신 것은 피조 세계에 대한 통치와 관리의 권위를 부여하는 상징적 사건이었습니다. 아담이 이름을 짓는 장면은 인간이 얼마나 특별한 위치에 놓였는지를 상기시키며, 우리 역시 창조 세계 속에서 그 사명을 충실히 감당해야 함을 일깨워 줍니다. 따라서 우리는 하나님께서 인간에게 주신 이 고유한 역할을 결코 가볍게 여기지 말아야 합니다. 하나님의 뜻 안에서 권위를 행사할 때 창조 세계는 하나님이 보시기에 '좋은' 모습으로 유지됩니다. 그러므로 우리는 언제나 책임 있는 태도와 청지기의 자세로 이 땅을 관리하며, 그 부르심이 오늘날 우리 각자의 삶에도 여전히 유효하다는 사실을 마음에 새겨야 합니다.

4-4 가정, 인간에게 주신 첫 번째 공동체

#배필, #가정

여호와 하나님이 이르시되
사람이 혼자 사는 것이 좋지 아니하니
내가 그를 위하여 돕는 배필을 지으리라 하시니라 (창2:18)

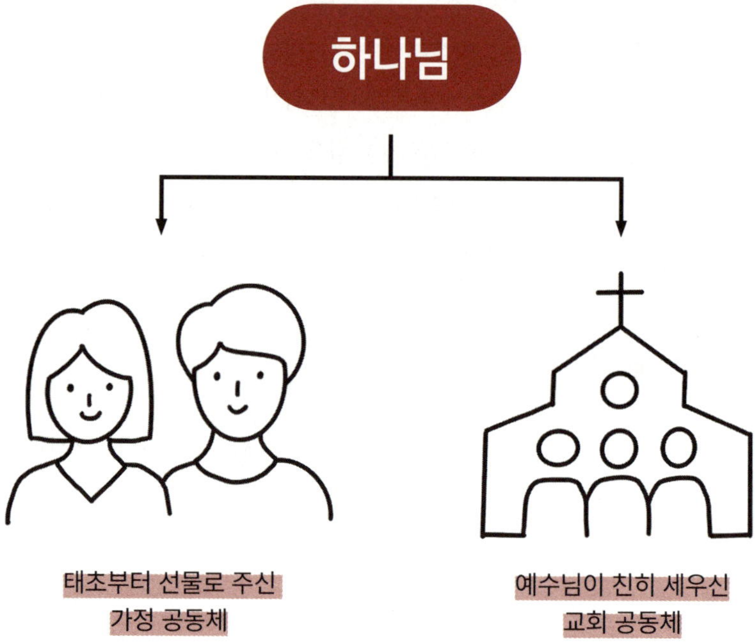

또 내가 네게 이르노니 너는 베드로라
내가 이 반석 위에 내 교회를 세우리니
음부의 권세가 이기지 못하리라 (마태복음 16:18)

하나님이 가정을 주신 이유

창세기 2장 18절은 창조 이야기 가운데 처음으로 등장하는 "좋지 아니하니"라는 표현을 담고 있습니다. 이전까지 하나님께서 창조하신 모든 것은 "보시기에 좋았더라"라고 평가되었지만, 유일하게 "사람이 혼자 사는 것"만큼은 그렇지 않았습니다. 이는 인간이 본래 공동체 안에서 살아가도록 창조되었음을 보여줍니다. 하나님은 아담에게 돕는 배필을 지어주시며 남자와 여자가 만나 가정을 이루게 하셨습니다. 여기서 중요한 사실은 가정은 인간이 만들어낸 제도가 아니라, 하나님께서 창조의 순간부터 은혜로 주신 공동체라는 점입니다.

가정은 내가 선택한 삶의 방식이 아니라, 하나님이 주신 질서이자 선물입니다. 물론 사도 바울처럼 독신으로 부르심을 받은 사람들도 있지만, 이는 하나님의 특별한 인도하심에 따른 예외적인 경우입니다. 하나님은 대부분의 사람들이 더욱 온전하고 풍성한 삶을 누릴 수 있도록 가정이라는 축복을 계획하셨습니다.

가정과 교회, 하나님이 세우신 두 공동체

성경에는 하나님께서 직접 세우신 또 하나의 공동체가 등장합니다. 바로 교회입니다. 예수님께서는 "***내가 이 반석 위에 내 교회를 세우리니***"(마태복음 16:18)라고 말씀하셨습니다. 교회는 인간이 만들어낸 종교 단체가 아니라 하나님이신 예수님께서 친히 세우신 믿음의 공동체입니다.

이처럼 가정은 하나님이 세우신 창조 질서의 공동체, 교회는 예수님이 세우신 은혜의 공동체입니다. 우리는 이 두 공동체 안에서 하나님이 의도하신 관계를 맺으며 살아갈 때, 하나님께서 보시기에 좋은 삶, 기쁜 삶을 경험할 수 있습니다. 결국 하나님께서 창세부터 허락하신 가정은 하나의 작은 교회이며 교회는 하나님 안에서 가족처럼 살아가는 공동체입니다.

종일묵상 Talk

성경이 말하는 물질적이면서 동시에 영적인 삶의 태도란?

성경에서 묘사하는 창조의 역사는 매우 물질적입니다. 하나님은 흙으로 인간과 생명체를 만드십니다. 에덴 동산 또한 단순한 상징이나 관념이 아니라, 실제로 볼 수 있고 만질 수 있는 공간이었습니다.

그러나 동시에 창조의 과정은 철저히 영적이기도 합니다. 하나님은 말씀으로 천지를 창조하시고 인간의 코에 생기를 불어넣어 생명을 허락하셨으며, 하나님의 영을 부어 인간을 영적인 존재로 만드셨습니다. 이처럼 성경은 물질적이면서도 영적인 세계를 함께 다루고 있습니다.

사실, 물질과 영적인 것에 대한 논쟁은 인류 역사와 함께해 온 오래된 주제입니다. 고대 그리스·로마 철학자들은 늙고 병들어 사라지는 물질(몸)보다 정신과 사유가 더 가치 있고 영원할 수 있다고 주장했습니다. 우리가 잘 아는 로고스*, 이데아* 같은 개념이 이런 사상을 반영합니다. 반면, 유물론*이나 물질만능주의도 오늘날까지 많은 사람들의 사고방식에 영향을 미치고 있습니다.

그렇다면 성경은 어떤 관점을 제시할까요? 성경은 우리가 살아가는 이 물질적인 세상을 중요하게 다룹니다. 하나님이 허락하신 이 땅에서 문화를 형성하고 가정을 이루고 자녀를 낳으며 살아가는 것은 분명한 창조의 질서입니다. 하지만 동시에 성경은 하나님이 영적인 존재이시며 인간 또한 그분의 영을 받은 영적인 존재임을 강조합니다.

성경적으로 사는 삶은 이 두 가지가 함께 가는 총체적인 삶입니다. 하나님의 존재를 인정하며 영적인 삶을 추구하는 동시에, 현실 속에서 맡겨진 삶 또한 성실하게 살아가야 합니다. 한쪽으로 치우쳐 영지주의*에 빠지거나, 반대로 물질만능주의에 함몰되는 것은 성경적인 삶의 태도가 아닙니다. 성경이 보여주는 이 양면성을 이해하며 물질적인 것과 영적인 것 사이에서 균형을 이루며 살아가야 합니다.

*로고스 : 고대 그리스 철학에서 우주의 질서를 지배하는 이성이나 원리

*이데아 : 플라톤 철학에서 감각 세계를 초월한 완전한 이상적 실체

*유물론 : 정신보다 물질이 우선한다는 사상. 경제적, 사회적 결정론과 연결되기도 함

*영지주의 : 영적인 것만을 추구하며 물질세계를 열등하거나 악한 것으로 보는 사상

꼭 기억합시다!

① 하나님은 사람을 흙으로 빚으시고 코에 생기, 곧 하나님의 영을 불어넣으셨습니다. 인간은 하나님의 영을 받은 유일한 존재입니다.

2:7 여호와 하나님이 땅의 흙으로 사람을 지으시고 생기를 그 코에 불어넣으시니 사람이 생령이 되니라

② 하나님은 인간을 에덴 동산에 두시고 경작의 사명을 주셨습니다. 이는 하나님이 허락하신 세상을 돌보고 관리하는 임무이자 소명입니다.

2:15 여호와 하나님이 그 사람을 이끌어 에덴 동산에 두어 그것을 경작하며 지키게 하시고

③ 하나님은 아담에게 다른 피조물들의 이름을 짓게 하셨습니다. 이름 짓기는 하나님이 인간에게 하나님의 권위를 위임하셨음을 보여주는 상징적 미션입니다.

2:19 여호와 하나님이 흙으로 각종 들짐승과 공중의 각종 새를 지으시고 아담이 무엇이라고 부르나 보시려고 그것들을 그에게로 이끌어 가시니 아담이 각 생물을 부르는 것이 곧 그 이름이 되었더라

④ 하나님은 아담이 홀로 있는 것이 좋지 않다고 하시며 여성을 지으심으로 첫 번째 공동체인 가정을 세우셨습니다.

2:18 여호와 하나님이 이르시되 사람이 혼자 사는 것이 좋지 아니하니 내가 그를 위하여 돕는 배필을 지으리라 하시니라

오늘의 나눔

① 내 안에 하나님의 영이 있다는 사실을 실감했던 순간이 있나요? 그 경험이 나의 삶의 태도에 어떤 영향을 주었나요?

② 가정, 직장, 공동체 안에서 '경작하고 지킨다'는 말은 어떤 의미일까요? 지금 내가 가장 신경 쓰고 있는 영역은 어디인가요?

③ 아담의 이름 짓기처럼 하나님이 나에게 맡겨주신 사명이 있다고 믿으시나요? 있다면 어떤 일인가요? 나는 그 일에 어떤 태도로 임하고 있나요?

④ 나는 하나님이 허락하신 가정을 교회로 보고 있나요? 부부, 부모와 자녀, 형제와 자매가 '가정'이라는 교회에서 어떤 역할을 할 수 있나요?

마무리 기도

하나님, 우리 안에 하나님의 영이 살아계심을 날마다 고백하길 원합니다. 하나님의 영을 부여받은 존재로서 사명과 공동체를 잘 감당하며 살아가게 해주세요.

Day 05. 돕는 배필과 가정 공동체

종일묵상 성경공부 아래 QR 코드에 접속하면 저자 김종일 목사님과 함께 성경 공부를 할 수 있습니다.

종일묵상 창세기 5강

오늘의 기도 아래 기도를 따라 읽으며 성경 공부를 준비해 봅시다.

오늘 이 시간을 통해 남성과 여성을 지으신 하나님의 창조의 뜻을 깨닫고 더욱 아름답게 연합하게 하소서.

복습하기 아래 키워드를 보고 지난 시간의 내용을 기억해 보세요.

하나님의 영 | 받은 임무 | 첫 번째 공동체

오늘의 내용

1. 돕는 배필
2. 여성 창조의 과정
3. 남성과 여성의 관계

오늘의 핵심 구절

이러므로 남자가 부모를 떠나 그의 아내와 합하여 둘이 한 몸을 이룰지로다 (창2:24)

오늘의 본문 창세기 2장 18~25절

18 여호와 하나님이 이르시되 사람이 혼자 사는 것이 좋지 아니하니 내가 그를 위하여 돕는 배필을 지으리
라 하시니라
19 여호와 하나님이 흙으로 각종 들짐승과 공중의 각종 새를 지으시고 아담이 무엇이라고 부르나 보시려고
그것들을 그에게로 이끌어 가시니 아담이 각 생물을 부르는 것이 곧 그 이름이 되었더라
20 아담이 모든 가축과 공중의 새와 들의 모든 짐승에게 이름을 주니라 아담이 돕는 배필이 없으므로
21 여호와 하나님이 아담을 깊이 잠들게 하시니 잠들매 그가 그 갈빗대 하나를 취하고 살로 대신 채우시고
22 여호와 하나님이 아담에게서 취하신 그 갈빗대로 여자를 만드시고 그를 아담에게로 이끌어 오시니
23 아담이 이르되 이는 내 뼈 중의 뼈요 살 중의 살이라 이것을 남자에게서 취하였은즉 여자라 부르리라 하
니라
24 이러므로 남자가 부모를 떠나 그의 아내와 합하여 둘이 한 몸을 이룰지로다
25 아담과 그의 아내 두 사람이 벌거벗었으나 부끄러워하지 아니하니라

5-1 여자의 창조와 돕는 배필의 의미

#돕는, #배필

여호와 하나님이 이르시되 사람이 혼자 사는 것이 좋지 아니하니
내가 그를 위하여 돕는 배필을 지으리라 하시니라 (창2:18)

I will make a ① helper ② suitable for him.

① Helper → Sherpa(셰르파)

보조적인 역할을 하는 존재가 아닌
남성의 연약한 부분과 뛰어난 부분을
정확히 알고 더 완전하게
채워주는 절대적으로 필요한 존재

② Suitable

남성만이 할 수 있는 역할이 있는 것처럼
여성만이 할 수 있는 분명한 역할이 있고
이는 단순히 적절하다는 의미를 넘어
'몸에 꼭 맞는 옷(Suit)'처럼
완벽한 동반자 역할을 의미

돕는 배필이란?

창세기 2장 18절의 '돕는 배필'은 영어 성경에서 'Helper Suitable'이라고 번역됩니다. 'Helper'의 의미를 떠올리면 저는 'Sherpa(셰르파)'가 가장 먼저 떠오릅니다. 셰르파는 에베레스트 같은 험한 산을 오를 때 등반가 곁에서 길을 안내하고 짐을 나르며 정상을 향해 함께 나아갑니다. 셰르파는 단순히 뒤따르거나 보조하는 사람이 아닙니다. 오히려 경험과 통찰로 등반가를 이끌고 보호하는 동반자입니다. 등반가와 셰르파가 한 팀으로 연합할 때, 그 등반은 성공할 수 있습니다.

이어서 'Suitable'이라는 단어는 단순히 '적당하다'는 의미를 넘어 '몸에 꼭 맞는 옷(수트)'처럼 남성을 감싸고 보호하는 존재를 의미합니다. 이 표현은 단순히 여성이 남성에게 맞춰주는 존재가 아니라, 함께할 때 완전해지는 상호 보완적인 존재임을 보여줍니다. 많은 사람들이 '돕는 배필'이라는 개념을 남성(남편)의 부족한 부분을 여성(아내)이 채워주는 보조적 의미로만 이해하곤 합니다. 그러나 성경이 말하는 '돕는 배필'은 결코 열등하거나 부차적인 역할을 의미하지 않습니다. 오히려 보호하고 지지하며 함께 나아가는 동반자의 의미입니다.

부부, 사명을 함께 이뤄가는 동반자

하나님은 남성과 여성 어느 한쪽을 우위에 있는 존재로 창조하지 않으셨습니다. 오히려 두 존재가 함께 연합할 때, 하나님의 형상과 창조의 뜻이 실현됩니다. 남성과 여성은 서로의 조력자이며 함께 사명을 이뤄가는 동반자입니다. 부부는 단순한 개인의 결합이 아니라 하나님의 창조 질서를 완성하는 중요한 통로입니다.

우리가 이 진리를 제대로 이해하고 살아갈 때, 부부의 관계를 통해 "좋지 아니하니"에서 다시 하나님이 보시기에 "심히 좋았더라"라고 하신 창조의 조화를 경험하게 될 것입니다.

5-2 여성을 창조하신 하나님의 특별한 과정

#갈빗대, #여자, #이끌어오심, #동반자

여호와 하나님이 ① 아담을 깊이 잠들게 하시니 잠들매
그가 ② 그 갈빗대 하나를 취하고 살로 대신 채우시고
여호와 하나님이 아담에게서 취하신 그 갈빗대로 여자를 만드시고
그를 ③ 아담에게로 이끌어 오시니 (창2:21~22)

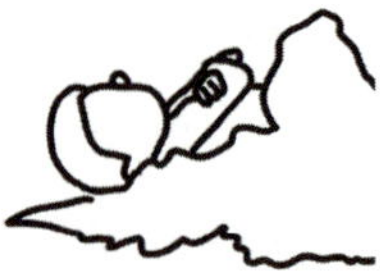

1. 아담을 잠들게 하심

- 여자의 창조 과정을 남자에게 보여주지 않음

: 여성은 남성에게 신비롭고 아름다운 존재로 인식됨

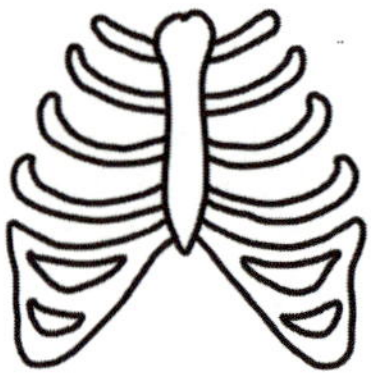

2. 아담에게서 '갈빗대'를 취하시고 여자를 만드심

- 갈빗대는 장기를 보호하고 몸을 지탱해 주는 뼈

: 서로를 보호하고 지탱해 주는 서로에게 속한 존재

- 남자(아담)의 뼈로 만들어진 존재

: 남자는 본능적으로 여자를 소중하고 없어서는 안 될 존재라고 느낌

- 여자는 남자와 동등한 존재

: 흙으로 지어져 아담의 다스림을 받는 모든 생물체와 달리
여자는 남자와 동등하게 지음 받은 존재로 창조됨

3. 아담에게로 직접 이끌어 오심

- 하나님이 직접 아담에게로 여자를 이끌어 오심

: 지금까지 봐왔던 생명체와는 전혀 다른 소중한 존재로 여김

갈빗대에서 시작된 하나님의 특별한 여성 창조

성경은 하나님께서 남성과 여성을 서로 다른 방식으로 창조하셨다고 기록합니다. 남성은 흙으로 빚어졌지만, 여성은 아담의 갈빗대로 만들어졌습니다.

하나님은 여성을 창조하시기 전에 먼저 아담을 깊이 잠들게 하셨습니다. 하나님은 남성(아담)이 여성의 창조 과정을 보지 못하게 하셔서, 여성이 단순한 또 하나의 생명체가 아니라 신비롭고 아름다운 존재로 인식되도록 계획하셨습니다. 아담이 잠에서 깨어나 여성을 처음 보았을 때, 그는 본능적으로 감탄하며 기쁨을 표현했습니다. **"이는 내 뼈 중의 뼈요, 살 중의 살이라"**(창2:23)라는 아담의 고백은 감탄을 넘어 기쁨과 감동이 담긴 노래였습니다.

한국과는 다르게 서구의 결혼 예식에서 신부의 웨딩드레스는 철저히 숨겨지다가, 결혼식 당일에야 공개됩니다. 신랑조차도 신부가 어떤 드레스를 입고 나타날지 전혀 모른 채 설렘과 기대 속에 신부의 입장을 바라보게 됩니다. 신부 하와의 손을 잡고 들어오시는 하나님과 눈부신 하와의 첫 모습에 감탄하는 신랑 아담의 모습이 서구의 결혼식에서 재현되는 듯합니다.

하나님께서 여성을 창조하실 때 흙을 사용하지 않으시고 아담의 갈빗대를 취하신 것도 의미가 깊습니다. 남자는 여자를 보자마자 감동의 노래를 부릅니다. 여성이 자신의 갈빗대로 만들어졌기 때문에 본능적으로 그녀가 매우 소중하고 중요한 존재라는 것을 알았던 것입니다. 또한 갈빗대는 중요한 장기를 보호하고 몸을 지탱하는 역할을 합니다. 이 상징은 남성은 여성을 보호하고 여성은 남성을 지탱하는 관계임을 나타냅니다. 서로가 서로에게 속해 있으며 독립된 존재가 아니라 온전한 하나 됨을 이루도록 창조된 것입니다.

여자는 하나님이 직접 소개하신 동반자입니다

여자의 창조 과정 중 마지막 하이라이트 장면은 하나님께서 직접 여자 하와를 아담에게로 데려오시는 모습입니다. **"여호와 하나님이 아담에게서 취하신 그 갈빗대로 여자를 만드시고 그를 아담에게로 이끌어 오시니"**(창2:22) 이 장면은 마치 아버지가 신부를 신랑에게 인도하는 결혼식의 모습과도 같습니다. 하나님께서 친히 여성을 이끌어 오셨다는 것은 여성이 하나님의 선물이며 동반자로 주어진 존재임을 뜻합니다. 하와는 스스로 찾아온 존재가 아니라, 하나님이 친히 준비하시고 이끄신, 아담에게 있어 가장 특별한 대상이었습니다.

궁금해요

인간의 창조 과정은 왜 자세히 나오는 걸까요?

Q. 창세기 1장에서는 하나님께서 여섯째 날에 남자와 여자를 함께 창조하셨다고 나오는데, 창세기 2장은 아담을 먼저 만들고 하와는 나중에 창조하신 것처럼 보입니다. 두 장의 내용이 서로 다른 이야기인가요, 아니면 어떻게 연결되는 건가요?

A. 창세기 1장과 2장을 시간의 흐름에 따라 순차적으로 기록된 것으로 이해하면 인간의 창조가 다소 혼란스러울 수 있지만, 사실 두 장은 같은 사건을 다른 관점에서 보여주는 것입니다. 1장은 창조의 전 과정을 요약적으로 선언한 서술이며 2장은 그중 인간 창조를 확대하여 구체적으로 설명한 장면입니다. 다시 말해, 두 본문은 '시간의 순서'가 아니라 '관점의 차이'로 이해해야 합니다.

1장에서 하나님께서 창조하신 다른 피조물들은 그 존재가 창조되었음을 간결하게 선언하는 방식으로 기록되어 있습니다. 반면, 인간에 대해서는 유일하게 창조의 구체적인 방식이 상세히 묘사됩니다. 하나님은 사람을 흙으로 빚으시고 그 코에 생기를 불어넣으셨으며 남자와 여자의 관계에 대해서도 설명하십니다.

이는 인간이 다른 피조물과는 구별되는 특별한 존재임을 나타냅니다. 인간만이 하나님의 영을 부여받고 그분의 권위를 위임받았으며 하나님과 직접 소통할 수 있는 존재로 창조되었다는 사실을 보여줍니다. 이 모든 것을 통해 우리는 하나님께서 인간을 얼마나 존귀하게 여기시는지 인간 창조에 얼마나 깊은 목적과 사랑이 담겨 있는지를 알 수 있습니다.

5-3 창세기가 가르쳐 주는 결혼의 참 의미
#떠남, #합함, #한몸, #부끄럽지않음

이러므로 남자가 부모를 떠나 그의 아내와 합하여 둘이 한 몸을 이룰지로다
아담과 그의 아내 두 사람이 벌거벗었으나 부끄러워하지 아니하리라 (창2:24~25)

결혼과 부부의 참된 의미

부모를 떠나, 남자와 여자 둘이 연합함

① 부모의 가치관과 문화를 떠나 새로운 시작을 맞이함
② 의지하고 따르는 정서적 대상이 부모에서 배우자로 바뀜
③ 부모에게 배웠던 하나님과의 교제와 관계도 이제는 배우자를 통해 배움
④ 완전한 하나가 되어 진정한 연합을 이룸

두 사람이 벌거벗었으나 부끄러워하지 아니함

① 완전한 자유함이 허락된 상태
② 서로의 허물과 부족함을 보아도 수용하고 신뢰하는 관계의 훈련이 필요

결혼은 부모를 떠나 둘이 연합하는 것입니다

창세기 2장 24절은 결혼의 본질을 명확히 보여주는 말씀입니다. **"남자가 부모를 떠나 그의 아내와 합하여 둘이 한 몸을 이룰지로다"**라는 구절은 결혼이란 무엇인지, 그 속에서 남자와 여자가 어떠한 자세로 임해야 하는지를 알려줍니다. 여기서 말하는 '떠난다'라는 표현은 단지 물리적인 분리만을 의미하지 않습니다. 정서적, 정신적 독립을 포함한 전인격적인 분리를 뜻합니다. 부모의 보호 아래서 살아왔던 삶에서 벗어나 이제는 배우자와 함께 새로운 기준과 질서를 세워가야 하는 것입니다.

결혼은 기존 가족의 연장선이 아니라, 새로운 가정의 출발입니다. 부모로부터 물려받은 가치관, 관계 방식, 심지어 갈등을 해결하는 법까지도 점검하고 새롭게 배우는 연습이 필요합니다. 이는 배우자에 대한 존중일 뿐만 아니라, 가정을 건강하게 세우기 위한 필수 과정입니다. 부모를 떠나지 못한 관계는 진정한 연합으로 나아갈 수 없으며 배우자보다 부모의 생각이나 감정을 우선시하는 태도는 결혼의 질서를 무너뜨릴 수 있습니다.

부부의 신뢰는 의지적 훈련이 필요한 사랑의 과정입니다

25절의 **"두 사람이 벌거벗었으나 부끄러워하지 아니하니라"**라는 구절은 부부가 서로를 전적으로 신뢰하며 감출 것이 없는 관계임을 보여줍니다. 외적인 모습은 물론, 내면의 연약함과 부족함까지도 거리낌 없이 드러낼 수 있는 관계가 바로 부부입니다. '부끄러워하지 않았다'는 것은 창피하지 않았다는 뜻을 넘어, 상대 앞에서 온전히 자유로운 상태인 절대적인 수용과 신뢰의 관계를 의미합니다.

기억해야 할 점은 이런 신뢰는 시간이 지나면서 자연스럽게 생기는 것이 아니라, 의지적으로 선택하고 훈련해야 하는 태도라는 것입니다. 서로의 연약함을 보고도 정죄하지 않으며 실수 속에서도 등을 돌리지 않고 끝까지 함께 걸어가는 자세가 필요합니다.

꼭 기억합시다!

① 하나님은 '돕는 배필'로서 여자를 지으셨습니다. 이는 남자와 여자 어느 한쪽이 우위에 있는 것이 아니라 서로 하나 되어 연합하는 사명의 동반자임을 보여줍니다.

2:18 여호와 하나님이 이르시되 사람이 혼자 사는 것이 좋지 아니하니 내가 그를 위하여 돕는 배필을 지으리라 하시니라

② 하나님은 아담을 잠들게 하신 후, 그 갈비뼈로 여자를 만드시고 직접 아담에게 이끌어 오심으로, 아담이 여성을 신비롭고 특별한 존재로 여기게 하셨습니다.

2:21 여호와 하나님이 아담을 깊이 잠들게 하시니 잠들매 그가 그 갈빗대 하나를 취하고 살로 대신 채우시고
22 여호와 하나님이 아담에게서 취하신 그 갈빗대로 여자를 만드시고 그를 아담에게로 이끌어 오시니
23 아담이 이르되 이는 내 뼈 중의 뼈요 살 중의 살이라 이것을 남자에게서 취하였은즉 여자라 부르리라 하니라

③ 하나님은 부부가 부모를 떠나 한 몸을 이루게 하였습니다. 성경이 말하는 부부는 서로 숨기는 것이 없고 허물을 보아도 받아들이는 완전한 신뢰의 관계입니다.

2:24 이러므로 남자가 부모를 떠나 그의 아내와 합하여 둘이 한 몸을 이룰지로다
25 아담과 그의 아내 두 사람이 벌거벗었으나 부끄러워하지 아니하니라

오늘의 나눔

① '돕는 배필'이라는 표현은 동등한 사명의 동반자라는 의미를 담고 있습니다. 나는 지금 내 배우자(혹은 이성 친구)를 어떤 시선으로 바라보고 있나요? 상대를 나와 같은 '사명의 동반자'로 인정하고 있나요?

② 하나님께서 여자를 아담의 갈빗대로 만드시고 그를 직접 이끌어 오신 장면은 나에게 어떤 감정을 불러일으키나요? 하나님께서 내 삶에 누군가를 인도하신 경험이 있다면 나눠보세요.

③ '한 몸을 이룬다'라는 말은 단순한 결합을 넘어서 삶의 전 영역에서의 연합을 뜻합니다. 나는 지금 누군가와 깊은 신뢰 속에서 하나 됨을 이루고 있나요? 그 하나 됨을 방해하는 요소는 무엇인가요?

마무리 기도

삼위 하나님의 협력과 조화, 완전한 하나 되심이 우리의 가정에도 이뤄지기를 기도합니다. 서로에게 꼭 맞는 옷이 되게 하시고 그래서 서로를 덮어주고 보호해 주는 건강한 가정을 이루게 해주세요.

종일묵상 Talk

사랑과 성(sex) 그리고 결혼의 앙상블

성경의 관점은 아주 명백합니다. 남녀의 설레는 사랑, 그 사랑이 요구하는 약속과 열매인 결혼, 그리고 그 안에서 누리게 되는 성의 즐거움과 자녀를 얻는 축복….
창세기는 하나님께서 창조하신 남자와 여자가 얼마나 특별한 관계인지를 이렇게 설명합니다. 하와를 마주한 아담은 사랑의 경탄과 함께 놀라운 노래를 부르며 그녀를 맞이합니다. 그들에게는 사랑이라는 달콤한 감정과 함께 결혼이라는 언약의 관계가 주어집니다.

하나님께서 인간에게 허락하신 놀라운 공동체는 사랑, 성(sex), 결혼까지 세 가지 요소가 모두 함께 하는 것이었습니다. 두 남녀는 사랑의 감정과 표현을 통해 삶의 경이로운 경험을 나누고, 결혼을 통해 서로에 대한 진심 어린 약속을 맹세하고, 성적 경험을 통해 사랑의 기쁨을 온전히 누리게 됩니다. 이 세 가지 요소는 인간이 가정이라는 공동체를 이루기 위해 하나님께서 허락하신 놀라운 즐거움이자 진중한 결심이 요구되는 과정입니다.

안타깝게도 오늘날 수많은 남녀의 관계는 이 세 가지가 온전히 하나로 열매 맺지 않는 경우가 많습니다. 사랑 없는 성관계, 결혼 없는 사랑, 성의 즐거움이 사라진 결혼, 사랑과 상관없는 결혼 등이 바로 그 예시입니다. 수많은 관계의 실패와 식어 버린 사랑, 무너진 가정과 같은 결과는 대부분 이 세 가지가 온전히 이루어지지 않을 때 예견할 수 있는 현상입니다.

사랑과 성, 그리고 결혼이 함께 어우러지지 못하는 이유는 무엇일까요? 그것은 왜곡된 욕망 때문입니다. 어느 한 가지가 없어도 얼마든지 관계가 지속될 수 있다는 생각은 오만이며 착각입니다. 결혼을 부담스러워하며 사랑과 성에만 만족하는 관계는 책임의 무거움을 피하려는 핑계입니다. 사랑 없는 성과 다른 목적으로 결혼을 밀어붙이는 관계는 그 욕망과 조건이 사라질 때 파탄에 이르게 됩니다. 육신의 쾌락만 추구하는 성적 판타지는 사랑이라는 깊은 감정과 결혼과 가정이 요구하는 진지한 인생의 가치를 깨달을 수 없습니다.

성경의 가르침이 우리 삶의 기준이 되어야 합니다. 성경은 하나님의 창조 원리가 무너진 수많은 사례들을 보여 주고 있습니다. 다시 창조의 아름다움과 온전함이 이 시대를 살아가는 우리의 인생 속에 재현되어야 합니다. 우리를 창조하신 그분의 의도가 우리의 인생을 얼마나 풍성하고 가치 있고 즐겁게 만드는지를 순종으로 증명해야 합니다.

“

선악과는 하나님께서 인간에게 주신
완전한 자유의 조건이었습니다.
이 자유가 악과 손잡을 때,
인간은 모든 존귀함에서 추락하는
비참한 존재가 되어 버린 것입니다.

”

Part 04

죄의 시작

Day 06. 사탄의 속임수와 인간의 타락

종일묵상 성경공부 아래 QR 코드에 접속하면 저자 김종일 목사님과 함께 성경 공부를 할 수 있습니다.

종일묵상 창세기 6강

오늘의 기도 아래 기도를 따라 읽으며 성경 공부를 준비해 봅시다.

오늘 이 시간을 통해 우리 삶에서 죄의 본질을 깨닫게 하시고 오직 하나님이 주시는 생명의 길을 선택하게 하소서.

복습하기 아래 키워드를 보고 지난 시간의 내용을 기억해 보세요.

돕는 배필 　 갈비뼈 　 부모를 떠나

오늘의 내용

1. 사탄과 선악과
2. 타락과 죄
3. 죄인을 찾으시는 하나님

오늘의 핵심 구절

너희가 그것을 먹는 날에는 너희 눈이 밝아져 하나님과 같이 되어 선악을 알 줄 하나님이 아심이니라 (창3:5)

오늘의 본문 창세기 3장 1~13절

1 그런데 뱀은 여호와 하나님이 지으신 들짐승 중에 가장 간교하니라 뱀이 여자에게 물어 이르되 하나님이
참으로 너희에게 동산 모든 나무의 열매를 먹지 말라 하시더냐
2 여자가 뱀에게 말하되 동산 나무의 열매를 우리가 먹을 수 있으나
3 동산 중앙에 있는 나무의 열매는 하나님의 말씀에 너희는 먹지도 말고 만지지도 말라 너희가 죽을까 하
노라 하셨느니라
4 뱀이 여자에게 이르되 너희가 결코 죽지 아니하리라
5 너희가 그것을 먹는 날에는 너희 눈이 밝아져 하나님과 같이 되어 선악을 알 줄 하나님이 아심이니라
6 여자가 그 나무를 본즉 먹음직도 하고 보암직도 하고 지혜롭게 할 만큼 탐스럽기도 한 나무인지라 여자
가 그 열매를 따먹고 자기와 함께 있는 남편에게도 주매 그도 먹은지라
7 이에 그들의 눈이 밝아져 자기들이 벗은 줄을 알고 무화과나무 잎을 엮어 치마로 삼았더라
8 그들이 그 날 바람이 불 때 동산에 거니시는 여호와 하나님의 소리를 듣고 아담과 그의 아내가 여호와 하
나님의 낯을 피하여 동산 나무 사이에 숨은지라
9 여호와 하나님이 아담을 부르시며 그에게 이르시되 네가 어디 있느냐
10 이르되 내가 동산에서 하나님의 소리를 듣고 내가 벗었으므로 두려워하여 숨었나이다
11 이르시되 누가 너의 벗었음을 네게 알렸느냐 내가 네게 먹지 말라 명한 그 나무 열매를 네가 먹었느냐
12 아담이 이르되 하나님이 주셔서 나와 함께 있게 하신 여자 그가 그 나무 열매를 내게 주므로 내가 먹었
나이다
13 여호와 하나님이 여자에게 이르시되 네가 어찌하여 이렇게 하였느냐 여자가 이르되 뱀이 나를 꾀므로
내가 먹었나이다

6-1 생명 나무와 선악을 알게 하는 나무

#생명나무, #영생, #선악나무, #선택

여호와 하나님이 그 땅에서 보기에 아름답고 먹기에 좋은 나무가 나게 하시니
동산 가운데에는 생명 나무와 선악을 알게 하는 나무도 있더라 (창2:9)

생명 나무

선악을 알게 하는 나무

안타깝게도 창세기 3장에는 최초로 죄를 짓는 인간의 모습이 나옵니다. 이 내용을 제대로 이해하려면 먼저 창세기 2장의 에덴 동산 한가운데 있는 생명 나무와 선악을 알게 하는 나무를 알아야 합니다. 하나님은 왜 두 나무를 에덴 동산에 두셨을까요? 그것도 어디서든지 가장 잘 보이는 동산 가운데에 말입니다.

영원한 삶을 주는 생명 나무

생명 나무는 영원한 생명을 주는 나무입니다. 그 열매를 먹는 자는 죽지 않고 영생할 수 있었습니다. 하나님께서는 생명 나무를 에덴 동산에서 잘 보이는 가운데 두시고 아담과 하와가 매일 생명 나무 열매를 먹으며 하나님과 영원토록 교제하기를 원하셨습니다. 하나님께서 창조하신 세계는 생명의 충만함으로 가득한 세상이었습니다. 죽음이나 질병이 존재할 수 없는 하나님의 온전함이 실현되는 곳이었습니다.

선악을 알게 하는 나무

생명 나무와 함께 에덴 동산의 가운데에는 선악을 알게 하는 나무도 있었습니다. 우리가 흔히 말하는 '선악과'입니다. 하나님은 에덴 동산 각종 나무의 열매는 마음껏 먹어도 되지만, 단 하나 선악을 알게 하는 나무의 열매는 절대 먹지 말라고 명령하셨습니다. 단순한 금지에 그치지 않고 **"먹는 날에는 반드시 죽으리라"**(창2:17)라는 엄중한 경고까지 하셨습니다. 이 나무 역시 하나님께서 두신 것입니다. 선악을 알게 하는 나무도 동산 가운데 잘 보이는 곳에 있었습니다. 아담과 하와는 매일 생명 나무 열매와 선악과를 동시에 바라보며 선택과 순종의 자리에 서 있었습니다. 죄를 짓기 전 인간은 선악과가 아닌 생명 나무 열매를 매일 먹으며 하나님의 말씀에 순종했고 창조주 하나님과 피조물인 인간 사이의 질서를 기억했습니다. 매일 하나님의 명령에 순종하며 에덴 동산에서 허락하신 모든 것을 누리며 살았습니다. 선악과는 단지 금지된 열매가 아니라, 하나님의 주권을 인정하고 인간의 자유 의지로 하나님 말씀에 순종하게 하는 도구였습니다.

우리는 매일 어떤 선택을 합니까?

이 장면을 통해 우리는 두 가지를 기억해야 합니다. 참된 자유는 내 마음대로 하는 방종이 아닙니다. 우리는 하나님이 주신 모든 것을 자유롭게 누리려면 하나님의 명령에 순종하며 살아야 합니다. 하나님의 질서 안에서 행하는 선택이야말로 진정한 자유입니다. 또한 우리 삶의 주인이 누구인지 기억해야 합니다. 나의 자유에 따라 하나님께 불순종하는 선택을 할 때, 인생의 주인은 하나님이 아닌 내가 되게 됩니다. '스스로 주인이 되는 것'은 멋진 문구처럼 보이지만 결국 하나님 없이 내가 스스로 삶의 주인이 되려 할 때, 그것이 곧 죄의 시작입니다. 결국, 생명 나무 열매와 선악과는 하나님께서 인간에게 자유를 허락하신 동시에 순종을 요구하신 자리였습니다. 창세기 3장에서는 인간이 어떻게 하나님의 명령을 저버리고 잘못된 선택을 하는지 그 선택의 결과는 무엇인지 살펴봅니다.

6-2 거짓된 질문과 자의적 대답

#유혹, #거짓, #자의적해석

여호와 하나님이 그 사람에게 명하여 이르시되 동산 각종 나무의 열매는 네가 임의로 먹되 선악을 알게 하는 나무의 열매는 먹지 말라 네가 먹는 날에는 반드시 죽으리라 하시니라 (창2:16~17)

하나님의 명령

네가 먹는 날에는 반드시 죽으리라 하시니라

거짓된 질문

하나님이 참으로 너희에게
동산 모든 나무의 열매를
먹지 말라 하시더냐 (창3:1)

자의적 해석과 의미 변질

동산 중앙에 있는
나무의 열매는 하나님의 말씀에
너희는 먹지도 말고 만지지도 말라
너희가 죽을까 하노라 하셨느니라 (창3:3)

만지지도 말라 너희가 죽을까 하노라 하셨느니라

하나님의 말씀을 그대로 받지 않고
자의적으로 가감하고 변질시키는 인간의 연약함

뱀의 등장

창세기 3장에는 뱀이 하나님이 지으신 들짐승 중에서 가장 간교하다고 기록되어 있습니다. '간교하다'는 말은 교활하고 속임수를 쓰는 것을 의미합니다. 이 뱀은 먼저 여자(하와)에게 접근하여 교묘한 질문을 던집니다.

3:1 …하나님이 참으로 너희에게 동산의 모든 나무 열매를 먹지 말라고 하시더냐

이 질문은 참일까요, 거짓일까요? 분명 거짓된 질문입니다. 하나님은 인간에게 동산 각종 나무의 열매를 자유롭게 먹을 수 있게 허락하셨습니다.

2:16 여호와 하나님이 그 사람에게 명하여 이르시되 동산 각종 나무의 열매는 네가 임의로 먹되

다만, 하나님께서는 선악을 알게 하는 나무의 열매만 금하셨습니다. 그러나 뱀은 하나님이 모든 나무의 열매를 먹지 말라고 하시며 인간의 자유를 제한하신 것처럼 말씀을 왜곡했습니다. 거짓된 질문으로 사람을 혼란스럽게 만든 것입니다.

말씀을 자의적으로 해석하는 인간의 모습

하와는 뱀의 질문에 대해 '우리는 동산의 열매를 먹을 수 있다'라고 답하며 시작은 잘했지만, 이어지는 말에서 하나님의 명령을 다르게 전달합니다. 그녀는 동산 중앙에 있는 나무의 열매에 대해 '먹지도 말고 만지지도 말라' 하셨고, '죽을까 하노라' 하셨다고 말합니다. 하지만 하나님은 '먹지 말라'라고만 하셨지, '만지지도 말라' 하신 적은 없습니다. 또한 하나님은 '반드시 죽으리라'라고 단호히 말씀하셨지만, 하와는 그 의미를 축소하여 '죽을까 하노라'라는 표현으로 바꾸어 전했습니다. 이 짧은 대화 속에서도 인간은 하나님의 말씀을 정확히 기억하고 순종하기보다 자의적으로 해석하고 감정적으로 반응하는 연약함을 드러냅니다. 그리고 뱀은 그 틈을 놓치지 않고 파고들며 유혹의 말을 이어갑니다.

6-3 거짓된 선언과 죄의 유혹

#속임수, #죄지음, #죄의전염

거짓된 선언

뱀이 여자에게 이르되
너희가 결코 죽지 아니하리라
너희가 그것을 먹는 날에는
너희 눈이 밝아져 하나님과 같이 되어
선악을 알 줄 하나님이 아심이니라
(창3:4~5)

죄의 유혹과 불순종

여자가 그 나무를 본즉 먹음직도 하고
보암직도 하고 지혜롭게 할 만큼
탐스럽기도 한 나무인지라
여자가 그 열매를 따먹고…
(창3:6)

죄의 전염

…자기와 함께 있는 남편에게도 주매
그도 먹은지라
(창3:6)

사탄의 유혹과 죄의 전염

뱀은 인간에게 '결코 죽지 않으리라'라고 단언합니다. 이는 하나님의 명령과 정반대되는 거짓된 선언이었습니다. 그러나 뱀은 여기서 멈추지 않고 인간이 수긍할 만한 이유까지 제시합니다. '그 열매를 먹으면 눈이 밝아져 하나님과 같이 될 것이다.' 그리고 '하나님께서도 그것을 아시기에 먹지 말라고 하신 것이다.' 이러한 속삭임은 매우 유혹적이었습니다. 선악과를 먹기 전까지 세상은 온통 선으로 충만했습니다. 인간은 선과 악을 구별할 필요조차 없는 상태에서 하나님과의 완전한 신뢰 안에 머물렀습니다.

사실 하나님께서 인간에게 원하셨던 것은 선악을 스스로 판단하는 능력이 아니라, 하나님을 온전히 신뢰하고 사랑하는 관계 안에 머무는 것이었습니다. 선악을 구별하는 지혜보다 하나님과의 관계 속에서 선을 따르는 삶을 사는 것이 하나님의 뜻이었습니다. 그러나 선악과를 먹고 눈이 밝아진 인간은 하나님의 성품을 닮는 것이 아니라, 악을 배우는 지혜에 눈을 뜨게 되었습니다. 악이 무엇인지를 알게 된 것입니다. 하나님의 말씀에 불순종한 인간은 창조주와 피조물 사이의 약속을 깨뜨렸고, 하나님과의 관계 역시 무너졌습니다. 마치 하나님과 같은 위치로 올라가 스스로 선과 악을 판단하며 악을 배우고 선택할 가능성의 문을 열어버린 것입니다. 성경은 "너희가 선한 데 지혜롭고 악한 데 미련하기를 원하노라"(로마서16:19)라고 가르칩니다. 그러나 인간은 악을 알고자 하는 호기심과 욕망 속에서 점점 더 죄의 지혜를 얻게 됩니다. 더욱 안타까운 사실은 죄는 결코 '혼자의 문제'로 끝나지 않는다는 점입니다. 하와가 선악과를 먹은 뒤, 아담 역시 그것을 받아먹었습니다. 이 과정에서 둘 사이에는 하나님의 말씀을 어기는 일에 대한 걱정, 권면, 심지어 대화조차 없었습니다. 죄는 한 사람의 선택에서 시작되지만, 쉽게 전염되어 공동체 전체를 무너뜨릴 수 있는 속성을 가지고 있습니다.

지금 이 순간, 여러분의 지혜는 어느 쪽을 향하고 있습니까? 하나님이 나의 주인이심을 고백하며 선을 드러내는 삶을 살아가고 있습니까? 아니면 매력적이고 유혹적인 뱀의 속삭임에 귀를 기울이며 대화를 시작하고 있습니까?

6-4 인간의 타락과 죄의 실체

#부끄러움, #벌거벗음, #선악의분별

이에 그들의 눈이 밝아져 자기들이 벗은 줄을 알고
무화과나무 잎을 엮어 치마로 삼았더라 (창3:7)

선과 악을 구별하는 지각이 생김

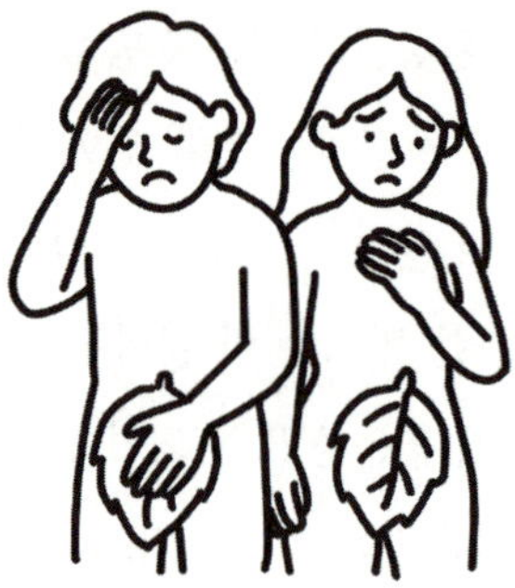

선악과 사건 이전과 이후의 변화

Before
하나님이 창조하신
선한 세상
인간에게도 오직 '선'만 존재

After
악이 무엇인지 알게 됨
악을 아는 지식이 생김
악을 배우기 시작함

인간의 타락과 죄의 실체

창세기 3장 7절을 보면 죄를 범한 인간은 엄청난 변화를 겪게 됩니다.

3:7 이에 그들의 눈이 밝아져 자기들이 벗은 줄을 알고…

인간은 선악과를 먹는 순간, 단순히 선악을 아는 지식이 늘어난 것이 아니라 자신들의 상태를 깨닫게 되었습니다. 하나님께서 창조하신 세계는 본래 선으로 충만한 세상이었으며 인간은 악을 알 필요조차 없는 존재로 지어졌습니다. 그러나 선악과를 먹은 후, 그들은 선과 악을 구별할 수 있는 지각을 얻게 되었고 동시에 자신들이 죄를 지을 수 있는 존재라는 사실, 그리고 실제로 죄를 지었다는 현실을 깨닫게 되었습니다. 이것은 단순한 인식의 변화가 아니라, 인간의 존재 자체가 변질되는 심각한 전환이었습니다.

불안과 두려움을 깨달은 인간

그렇다면 선과 악을 알게 하는 열매를 먹었는데 왜 몸이 벌거벗었음을 깨달았을까요? 이는 단순히 육체적 벌거벗음의 문제가 아닙니다. 악을 인식하는 순간, 그들은 더 이상 있는 그대로의 자신을 받아들이지 못하게 되었고 자신의 불완전함과 연약함, 죄 된 상태를 자각하게 된 것입니다. 하나님과의 관계가 온전했던 이전에는 벌거벗었지만 그것이 전혀 문제가 되지 않았습니다. 그들에게는 부끄러움이라는 개념 자체가 존재하지 않았고, 하나님의 시선 안에서 자신을 온전히 받아들이는 자유가 있었습니다. 그러나 죄가 들어온 순간, 자신을 바라보는 눈이 하나님의 기준이 아닌 죄인의 불완전한 인식으로 변하게 되었습니다.

죄는 단지 행동의 문제가 아니라, 존재의 왜곡을 일으키는 근본적인 변화입니다. 죄를 짓는 순간 인간은 더 이상 하나님 앞에서 자신을 완전한 존재로 인식하지 못하게 되었고 내면 깊은 곳에서 불안과 두려움, 수치심을 느끼는 존재로 전락하게 되었습니다.

6-5 하나님의 질문과 핑계를 대는 인간

#하나님의부르심 #핑계, #회피, #회개의기회

3:8 그들이 그 날 바람이 불 때 동산에 거니시는 여호와 하나님의 소리를 듣고 아담과
그의 아내가 여호와 하나님의 낯을 피하여 동산 나무 사이에 숨은지라
9 여호와 하나님이 아담을 부르시며 그에게 이르시되 네가 어디 있느냐
10 이르되 내가 동산에서 하나님의 소리를 듣고 내가 벗었으므로 두려워하여 숨었나이다
11 이르시되 누가 너의 벗었음을 네게 알렸느냐 내가 네게 먹지 말라 명한 그 나무 열매를
네가 먹었느냐

하나님

회개의 기회를 주심

여호와 하나님이
아담을 부르시며
그에게 이르시되
네가 어디 있느냐
(창3:9)

여호와 하나님이
여자에게 이르시되
네가 어찌하여
이렇게 하였느냐
(창3:13)

인간의 핑계와 회피

아담이 이르되
하나님이 주셔서
나와 함께 있게 하신 여자
그가 그 나무 열매를 내게 주므로
내가 먹었나이다
(창3:12)

여자가 이르되
뱀이 나를 꾀므로
내가 먹었나이다
(창3:13)

죄의 결과

인간이 죄를 지었을 때 가장 먼저 보인 반응은 숨는 것이었습니다. 창세기 3장에서 아담과 하와는 하나님의 말씀을 어기고 선악과를 먹은 후, 하나님의 소리를 듣고 두려워하며 나무 사이에 몸을 숨깁니다. 우리는 흔히 '죄'를 생각할 때 인간 사이의 관계가 깨지는 모습을 떠올립니다. 물론 죄는 사람과 사람 사이의 관계에도 큰 영향을 미칩니다. 그러나 더 깊은 차원에서 죄의 본질은 하나님과 멀어지는 것입니다. 죄를 지은 인간은 하나님을 두려운 존재로 느끼기 시작합니다. 이것이 바로 죄가 인간에게 스며드는 방식입니다. 죄는 본래 가장 친밀하고 가까워야 할 하나님과 우리 사이에 두려움을 자리 잡게 만듭니다. 그 두려움은 우리를 하나님으로부터 숨게 하고 결국 하나님과의 친밀한 관계가 깨어지는 최악의 결과를 초래합니다.

네가 어디 있느냐

그러나 하나님은 이러한 인간을 향해 직접 찾아오십니다. 아담과 하와가 죄를 짓고 숨었을 때, 하나님께서는 그들을 심판하시기 전에 먼저 부르십니다. "네가 어디 있느냐?" 이는 단순한 질문이 아니라, 하나님께서 인간을 포기하지 않으시고 여전히 관계 회복을 원하신다는 사랑의 표현입니다. 하나님은 죄인을 향해 즉각적인 심판을 내리시는 분이 아닙니다. 먼저 회개의 기회를 주시는 분이십니다. 이러한 하나님의 사랑은 오늘날 우리에게도 동일하게 적용됩니다. 죄를 짓고 숨고 싶을 때에도 하나님은 여전히 우리를 부르고 계십니다. 그리고 우리가 다시 하나님께 나아오기를 기다리고 계십니다.

'회개'의 기회를 '핑계'와 '탓함'으로

그러나 인간은 이러한 하나님의 부르심에도 죄를 인정하기보다 핑계를 대고 탓할 대상을 찾기에 바쁩니다. 아담은 하와를 탓할 뿐만 아니라, 나아가 '하나님이 주셔서 나와 함께 있게 하신 여자'라는 말로 자신이 선악과를 먹은 잘못을 하나님의 책임으로 돌립니다. 그럼에도 하나님은 아담을 즉시 심판하지 않으시고 기다려 주십니다. 이번에는 하와에게 같은 기회를 주시며 묻습니다. 그러나 하와 역시 '뱀이 나를 꾀어서 먹었습니다'라며 자신의 죄를 인정하지 않고 책임을 회피합니다.

하나님은 우리의 모든 죄를 우리가 아는 것보다 더 잘 알고 계십니다. 하나님이 우리를 부르시는 이유는 옳고 그름을 따지기 위해서가 아닙니다. 죄로 인해 깨어진 하나님과의 관계를 회복하고 싶으신 사랑 때문입니다. 용서의 초대장을 전달해 주시는 것입니다.

여러분은 그 부르심에 어떻게 응답하고 있습니까? 어쩔 수 없었다며 환경과 상황을 탓하거나 누군가에게 책임을 돌리고 있지는 않습니까? 하나님은 우리가 죄를 인정하고 회개함으로써 다시 그분께 나아오기를 원하십니다. 하나님께서 부르실 때, 우리는 어떻게 응답해야 할까요?

궁금해요

인간의 오랜 욕망, 영생에 대한 답이 성경에 있다고?!

Q. 창세기에 나오는 생명 나무는 어떻게 되었나요?

A. 인류 역사에서 가장 강한 권력을 가졌던 이들부터 오늘날의 많은 사람들까지, 누구나 한 번쯤 깊이 생각해 보는 주제가 있습니다. 바로 영생입니다. 인간은 영원한 삶을 꿈꾸지만 현실에서는 신화처럼 느껴질 뿐입니다. 그러나 창세기를 보면 하나님은 처음부터 인간에게 영원히 살 수 있는 생명 나무를 허락하셨습니다. 하지만 인간이 타락하면서 하나님은 더 이상 생명 나무 열매를 먹지 못하게 하셨습니다.

그런데 이 생명 나무가 다시 등장하는 성경 말씀이 있습니다. 바로 요한계시록입니다. 요한계시록에서는 새 하늘, 새 땅과 함께 생명 나무와 생명수가 흐르는 하나님 나라가 펼쳐집니다.

길 가운데로 흐르더라 강 좌우에 생명나무가 있어 열두 가지 열매를 맺되 달마다 그 열매를 맺고 그 나무 잎사귀들은 만국을 치료하기 위하여 있더라 (요한계시록 22:2)

하나님의 천지창조는 그저 먼 과거의 신화가 아닙니다. 성경은 우리가 지금도 여전히 답을 찾지 못하는 문제들에 대한 실제적인 해답과 그 기원을 담고 있습니다. 인간의 지식과 과학이 아무리 발전해도 명확히 밝혀지지 않는 영역이 있다면 그 답은 결국 믿음 안에서 찾을 수 있지 않을까요?

귀 있는 자는 성령이 교회들에게 하시는 말씀을 들을지어다 이기는 그에게는 내가 하나님의 낙원에 있는 생명나무의 열매를 주어 먹게 하리라 (요한계시록 2:7)

꼭 기억합시다!

① 하나님은 에덴 동산에 중앙에 '생명 나무'와 '선악을 알게 하는 나무'를 두시고 선악과는 결코 먹지 말라고 말씀하셨습니다.

2:16 여호와 하나님이 그 사람에게 명하여 이르시되 동산 각종 나무의 열매는 네가 임의로 먹되
17 선악을 알게 하는 나무의 열매는 먹지 말라 네가 먹는 날에는 반드시 죽으리라 하시니라

② 그러나 뱀이 하와를 유혹하였고 하와는 선악과를 따먹은 뒤 아담에게도 주어 둘은 범죄하게 됩니다.

3:1 그런데 뱀은 여호와 하나님이 지으신 들짐승 중에 가장 간교하니라 뱀이 여자에게 물어 이르되 하나님
이 참으로 너희에게 동산 모든 나무의 열매를 먹지 말라 하시더냐
3:6 여자가 그 나무를 본즉 먹음직도 하고 보암직도 하고 지혜롭게 할 만큼 탐스럽기도 한 나무인지라 여자
가 그 열매를 따먹고 자기와 함께 있는 남편에게도 주매 그도 먹은지라

③ 타락 이후, 아담과 하와는 이전에는 알지 못했던 선악의 분별력을 갖게 되었고 선으로만 충만했던 창조 세계에서 악에 대한 지각이 열리게 됩니다.

3:10 이르되 내가 동산에서 하나님의 소리를 듣고 내가 벗었으므로 두려워하여 숨었나이다

④ 하나님은 죄를 짓고 숨은 아담을 부르시며 회개의 기회를 주시지만, 아담은 하와에게, 하와는 뱀에게 책임을 전가하며 회피합니다.

3:12 아담이 이르되 하나님이 주셔서 나와 함께 있게 하신 여자 그가 그 나무 열매를 내게 주므로 내가 먹었
나이다
13 여호와 하나님이 여자에게 이르시되 네가 어찌하여 이렇게 하였느냐 여자가 이르되 뱀이 나를 꾀므로
내가 먹었나이다

오늘의 나눔

① 하나님은 선악과 앞에서 '먹지 말라'는 분명한 경계를 두셨습니다. 요즘 나는 삶에서 하나님이 정하신 선을 어떻게 받아들이고 있나요? 그 경계를 넘고 싶은 유혹은 어디에서 오나요?

② 중요한 결정을 할 때, 하나님의 말씀보다 사람의 말이나 내 감정이 앞서 작용했던 경험이 있다면 언제였나요? 그 결과는 어땠나요?

③ 죄를 통해 이전에는 몰랐던 현실이나 감정을 알게 된 적이 있나요? 그것은 나에게 어떤 영향을 주었나요?

④ 잘못을 저지른 후 나는 하나님 앞에서 어떤 태도를 보이나요? 그때 하나님은 어떤 마음으로 나를 부르셨을까요?

마무리 기도

우리에게 영원한 생명을 주신 하나님 아버지, 우리를 부르시는 음성에 응답하고 나아가 죄를 고백하오니 우리를 용서하시고 다시금 주의 은혜를 베풀어 주옵소서.

“

이 세상에 죄가 들어 왔지만,
하나님의 사랑과 구원은 한순간도
쉼 없이 죄인 된 인간을 향해 베풀어졌습니다.
저주와 심판 가운데서도 하나님은
구원의 계획을 설계하시는 분이십니다.

”

Part 05

죄의 결과와 구원의 약속

Day07 죄의 결과와 구원의 약속

죄의 형벌

창세기에 등장하는 최초의 복음

가죽옷과 인간의 추방

Day 07. 죄의 결과와 구원의 약속

종일묵상 성경공부 아래 QR 코드에 접속하면 저자 김종일 목사님과 함께 성경 공부를 할 수 있습니다.

종일묵상 창세기 7강

오늘의 기도 아래 기도를 따라 읽으며 성경 공부를 준비해 봅시다.

오늘 이 시간을 통해 죄로 인해 무너진 삶 가운데서도 복음의 빛을 비추시고 승리하시는 하나님을 경험하게 하소서.

복습하기 아래 키워드를 보고 지난 시간의 내용을 기억해 보세요.

선악과 / 죄의 실체 / 아담을 부르시는 하나님

오늘의 내용

1. 죄의 결과와 회복의 약속
2. 원시복음
3. 가죽옷과 구속의 예표

오늘의 핵심 구절

내가 너로 여자와 원수가 되게 하고 네 후손도 여자의 후손과 원수가 되게 하리니 여자의 후손은 네 머리를 상하게 할 것이요 너는 그의 발꿈치를 상하게 할 것이니라 하시고 (창3:15)

오늘의 본문 창세기 3장 14~24절

14 여호와 하나님이 뱀에게 이르시되 네가 이렇게 하였으니 네가 모든 가축과 들의 모든 짐승보다 더욱 저
주를 받아 배로 다니고 살아 있는 동안 흙을 먹을지니라
15 내가 너로 여자와 원수가 되게 하고 네 후손도 여자의 후손과 원수가 되게 하리니 여자의 후손은 네 머
리를 상하게 할 것이요 너는 그의 발꿈치를 상하게 할 것이니라 하시고
16 또 여자에게 이르시되 내가 네게 임신하는 고통을 크게 더하리니 네가 수고하고 자식을 낳을 것이며 너
는 남편을 원하고 남편은 너를 다스릴 것이니라 하시고
17 아담에게 이르시되 네가 네 아내의 말을 듣고 내가 네게 먹지 말라 한 나무의 열매를 먹었은즉 땅은 너
로 말미암아 저주를 받고 너는 네 평생에 수고하여야 그 소산을 먹으리라
18 땅이 네게 가시덤불과 엉겅퀴를 낼 것이라 네가 먹을 것은 밭의 채소인즉
19 네가 흙으로 돌아갈 때까지 얼굴에 땀을 흘려야 먹을 것을 먹으리니 네가 그것에서 취함을 입었음이라
너는 흙이니 흙으로 돌아갈 것이니라 하시니라
20 아담이 그의 아내의 이름을 하와라 불렀으니 그는 모든 산 자의 어머니가 됨이더라
21 여호와 하나님이 아담과 그의 아내를 위하여 가죽옷을 지어 입히시니라
22 여호와 하나님이 이르시되 보라 이 사람이 선악을 아는 일에 우리 중 하나 같이 되었으니 그가 그의 손
을 들어 생명 나무 열매도 따먹고 영생할까 하노라 하시고
23 여호와 하나님이 에덴 동산에서 그를 내보내어 그의 근원이 된 땅을 갈게 하시니라
24 이같이 하나님이 그 사람을 쫓아내시고 에덴 동산 동쪽에 그룹들과 두루 도는 불 칼을 두어 생명 나무의
길을 지키게 하시니라

7-1 죄의 형벌

#출산, #다툼, #땀흘림, #노동, #저주

여자가 받은 형벌

3:16 또 여자에게 이르시되 내가 네게 임신하는 고통을 크게 더하리니 네가 수고하고 자식
을 낳을 것이며 너는 남편을 원하고 남편은 너를 다스릴 것이니라 하시고 (창3:16)

① 임신과 출산의 고통
② 남편과 아내 사이의 끊임없는 주도권(다스림) 다툼

남자가 받은 형벌

3:17 아담에게 이르시되 네가 네 아내의 말을 듣고 내가 네게 먹지 말라 한 나무의 열매를
먹었은즉 땅은 너로 말미암아 저주를 받고 너는 네 평생에 수고하여야 그 소산을 먹으
리라 18 땅이 네게 가시덤불과 엉겅퀴를 낼 것이라 네가 먹을 것은 밭의 채소인즉 19 네가
흙으로 돌아갈 때까지 얼굴에 땀을 흘려야 먹을 것을 먹으리니 네가 그것에서 취함을
입었음이라 너는 흙이니 흙으로 돌아갈 것이니라 하시니라 (창3:17~19)

① 평생 수고하여야 땅의 소산을 얻을 수 있음
② 흙으로 돌아감 : 영원한 삶이 끝남

하와(여자)에게 주어진 죄의 형벌

하나님은 하와에게 두 가지 죗값을 치르게 하십니다. 먼저 임신과 출산의 고통이 크게 가중되었습니다. 범죄 이전에는 출산이 자연스럽고 큰 고통 없이 이루어졌을 가능성이 큽니다. 하지만 타락과 함께 임신과 출산은 큰 고통과 수고를 더하는 일이 되었습니다.

또 한 가지는 바로 부부 사이의 완벽한 조화와 균형이 깨지게 된 것입니다. 말씀에 "너는 남편을 원하고 남편은 너를 다스릴 것이니라"라고 쓰여 있는데 히브리어 원문에 가깝게 해석해 보면 "너는 남편을 다스리길 원하고, 남편은 너를 다스릴 것이다"로 볼 수 있습니다. 이것은 부부 사이의 끝없는 주도권 싸움을 의미합니다. 범죄 이전에 남편과 아내는 서로 조화롭게 협력하며 살았을 것입니다. 하나님이 그렇게 만드셨기 때문입니다. 하지만 이제부터는 서로가 우위를 차지하려는 경쟁으로 부부 사이에 갈등이 생기기 시작합니다.

아담(인류)에게 주어진 죄의 형벌

하나님께서는 아담에게도 죄의 값을 물으십니다. 먼저는 아담의 죄로 인해 땅이 저주를 받습니다. 타락 이전의 땅은 하나님이 공급해 주시는 풍성함 속에서 사람이 크게 수고하지 않아도 열매를 내어주었습니다. 그러나 이제 땅이 저주받았기 때문에 인간은 몹시 수고해야지만 소산을 얻을 수 있게 됩니다. 수고하고 노력한 만큼의 결실을 보장받기 어려운 불확실의 세상을 살아가게 된 것입니다.

또 하나 인간에게 주어진 형벌은 '죽음'입니다. 하나님은 "너는 흙이니 흙으로 돌아갈 것이다"라는 말씀으로 처음 창조하셨던 영원한 삶의 종료를 선언하십니다. 인간은 생명 나무 열매를 먹으며 영생할 수 있었지만, 더 이상 그것을 먹을 수 없게 되었고 결국 죽음을 맞이하여 흙으로 돌아갑니다. 이는 육체의 죽음뿐만 아니라 하나님과의 관계가 단절됨으로써 생기는 영적인 죽음의 선고이기도 합니다.

뱀의 정체

창세기 3장에 나오는 뱀은 우리가 흔히 아는 '스네이크(snake)'가 아닙니다. 영어 성경에서는 이 뱀을 '서펜트(serpent)'라고 표현합니다. 성경에서 이 단어는 단순한 뱀이 아니라, 신비롭고 초월적인 존재로 묘사됩니다. 마치 용처럼 말이입니다. 우리에게 공룡은 실제로 존재했던 생물로 인식되지만, 용은 신화 속에서 신비한 존재로 그려지는 것과 비슷합니다.

요한계시록에서도 '용, 옛 뱀'이라는 표현이 등장합니다. **"용을 잡으니 곧 옛 뱀이요 마귀요 사탄이라 잡아서 천 년 동안 결박하여"**(요한계시록 20:2) 즉, 창세기 3장에 나오는 서펜트는 단순한 동물이 아니라 하나님을 대적하는 존재, 악한 세력의 상징인 것입니다.

뱀에게 내려진 즉각적인 저주

하나님께서는 죄를 지은 아담과 하와에게 질문을 하셨습니다. 하지만 뱀에게는 어떠셨을까요? 하나님은 아담과 하와와는 다르게 뱀에게는 질문조차 하지 않으셨습니다.

여호와 하나님이 뱀에게 이르시되 네가 이렇게 하였으니 네가 모든 가축과 들의 모든 짐승보다 더욱 저주를 받아 배로 다니고 살아 있는 동안 흙을 먹을지니라 (창3:14)

창세기 3장 14절을 보면, 하나님은 뱀에게 단 한마디의 질문도 없이 곧바로 저주를 선언하십니다. 왜 하나님은 뱀에게는 회개의 기회를 주지 않으셨을까요? 그 이유는 단순합니다. 뱀은 사탄이기 때문입니다. 아담과 하와는 유혹을 받아 죄를 지었지만, 사탄은 하나님의 대적자로 존재했습니다. 그렇기 때문에 하나님은 사탄에게는 용서나 회개의 기회를 주지 않으십니다.

하나님께서는 뱀에게 “네가 이렇게 하였으니”라고 하시며 즉각적인 심판을 내리십니다. 그 결과 뱀은 모든 피조물보다 더욱 저주를 받게 됩니다. 다른 짐승들보다도 더 낮은 존재가 된 것입니다. 뱀은 살아 있는 동안 배로 다니게 됩니다. 원래 뱀이 어떤 모습이었는지 정확히 알 수는 없지만, 인간인 하와가 직접 대화를 나눌 정도였던 것을 보면 지금과는 매우 달랐던 것으로 보입니다. 아마도 하와가 두려움 없이 말을 섞을 만큼 매력적인 존재였을 수도 있습니다. 하지만 이제는 땅에 엎드려 기어다녀야 하는 존재로 전락합니다.

또 뱀은 흙을 먹으며 살아야 합니다. 이는 단순히 물리적인 의미가 아니라, 영적인 의미로도 철저한 굴욕과 저주의 상태를 나타냅니다. 하나님을 대적한 존재들이 얼마나 비참하게 추락하게 되는지 보여주는 대목입니다.

7-2 창세기에 등장하는 최초의 복음

#여자의후손, #원시복음

① 내가 너로 여자와 원수가 되게 하고 ② 네 후손도 여자의 후손과 원수가 되게 하리니 ③ 여자의 후손은 네 머리를 상하게 할 것이요 ④ 너는 그의 발꿈치를 상하게 할 것이니라 하시고 (창3:15)

① 내가 너로 여자와 원수가 되게 하고

사탄이 하는 일(악)을 본능적으로 미워하게 만들어 주신 하나님의 은혜

② 네 후손도 여자의 후손과 원수가 되게 하리니

어느 한때가 아닌 영원토록 인간과 사탄은 서로 원수지간으로 지내게 하심

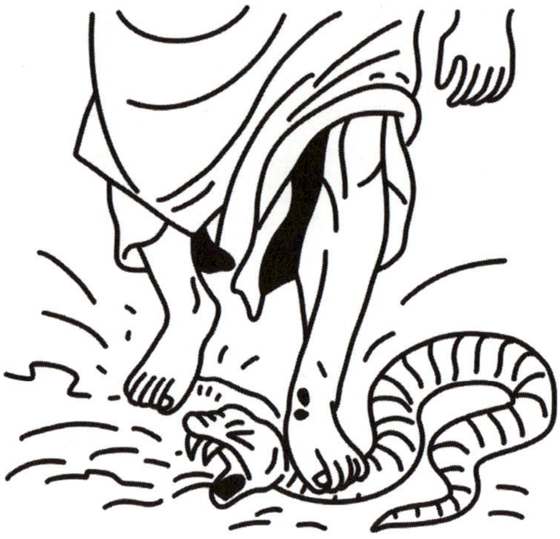

③ 여자의 후손(예수님)은 네 머리(사탄의 머리)를 상하게 할 것이요

성령으로 잉태하신 여자의 후손, 예수님이 사탄에게 치명상을 입히심

④ 너(사탄)는 그(예수님)의 발꿈치를 상하게 할 것이니라

사탄 역시 가만히 당하지 않고 여자의 후손(예수님)을 괴롭히지만 치명적이지 않음

창세기에 등장하는 최초의 복음

창세기 3장 15절은 신학적으로 '원시복음(Proto-evangelium, Original Gospel)'이라고 불립니다. 원시복음은 인류가 타락한 순간에 하나님께서 죄와 악에 대한 결론을 이미 내리셨다는 선언입니다. 하나님께서는 뱀에게 즉각적인 저주를 내리신 후, **"내가 너로 여자와 원수가 되게 하고, 네 후손도 여자의 후손과 원수가 되게 하리라"**라고 말씀하십니다. 여기서 '너'는 사탄을 의미하며, 하나님께서 뱀(사탄)과 여자 사이에 적개심을 두셨다는 것은 중요한 의미가 있습니다.

사탄과 적대적 관계 설정

죄가 들어오기 전, 하와와 뱀은 대화를 나누며 급속도로 가까워졌습니다. 하지만 하나님은 그 관계를 완전히 끊으셨습니다. 이제 인간과 사탄의 세력은 더 이상 협력하는 관계가 아니라, 서로 대적하는 원수가 됩니다. 이것은 우리에게 주어진 하나님의 은혜입니다. 우리는 사탄이 하는 일, 즉 죄짓는 행위가 불편하고 싫어집니다. 나아가 죄를 미워하게 되고 본능적으로 악한 일을 멀리하고 싶어 합니다. 이 같은 마음은 어느 한때가 아니라 창조 때부터 지금은 물론 영원토록 지속되는 것입니다. 만약 우리가 죄를 전혀 불편하게 여기지 않는다면 그것이야말로 심각한 문제일 것입니다.

여자의 후손과 사탄의 싸움

하나님께서는 이어서 **"여자의 후손은 네 머리를 상하게 할 것이요, 너는 그의 발꿈치를 상하게 할 것이다"**라고 말씀하십니다. 여기서 '여자의 후손'은 누구일까요? 바로 예수 그리스도입니다. 예수님은 남자를 알지 못하는 여자(마리아)에게서 태어나셨습니다. **"…보라 처녀가 잉태하여 아들을 낳을 것이요 그의 이름을 임마누엘이라 하리라"**(이사야 7:14). 사탄은 예수 그리스도를 해치려 했지만, 결국 그의 발꿈치를 상하게 하는 것에 불과했습니다. 반면, 예수님은 사탄의 머리를 상하게 하셨습니다. 머리를 친다는 것은 치명적인 공격, 즉 완전한 승리를 의미합니다. 반면, 발꿈치를 무는 것은 일시적인 고통을 의미합니다. 창세기 3장에서 아담과 하와가 죄를 범하고 타락하는 그 순간, 하나님께서는 이미 죄와 하나님의 선하심, 사탄과 사람 사이에서 결판을 내셨습니다. 사탄은 인류를 멸망시키려 했지만, 하나님은 오히려 이 순간을 통해 인류 구원의 계획을 선언하신 것입니다.

사탄이 아무리 발버둥 쳐도 결국 그는 패배할 것입니다. 죄와 악이 이 세상을 영원히 지배하는 것이 아니라, 여자의 후손(예수님)을 통해 그것들은 완전히 멸망할 것이기 때문입니다.

하나님은 처음부터 이 싸움의 결론을 정하셨습니다. 이것이 바로 원시복음, 창세기에서 선포된 최초의 복음입니다. 하나님께서는 타락한 인간을 심판하셨지만, 동시에 예수님을 통한 회복과 구원의 길도 함께 예비하셨습니다.

종일묵상 Talk

한방에 나만 구원받기?

십자가와 부활은 예수 그리스도의 구원이 각 개인에게 적용되는 사건임을 보여주는 결정적 증거입니다. 그럼에도 창세기에서 원시복음의 개념을 찾는 이유는 구원을 예수 그리스도의 십자가 사건만으로 바라보는 좁은 시각을 교정하기 위함입니다. 구원에 있어 우리가 기억해야 할 것은 예수님의 구원 사건이 오랜 시간의 흐름 속에서도 변함없이 이어져 온 하나님의 약속이라는 점입니다. 물론 구원은 예수를 주로 고백하고 하나님의 자녀로 살아가는 지극히 개인적인 거듭남의 간증이기에 그것을 사적 영역의 체험으로만 좁게 보는 시선이 있습니다. 때때로 죄의 힘과 악의 세력을 개인의 시간과 경험 속에서 극복하는 것으로 만족하거나 축소하려는 경향이 있기도 합니다. 내가 믿는 것이 중요하고 내가 경험하는 영적 체험이 우선이 되는 것이지요.

하지만 오히려 성경은 개인적인 경험을 넘어 더 큰 하나님의 일하심이 온 인류의 역사 속에 있음을 보여줍니다. 그렇기에 사탄의 속임에 넘어간 아담과 하와의 죄는 온 인류 타락의 원형이 되고, 그들이 죄를 짓고 보이는 행동은 온 인류가 행하게 될 죄인의 원형인 것입니다. 그러나 동시에 타락한 이들을 향한 하나님의 구원 계획과 결심, 그리고 온전한 회복과 구원의 완성을 위해 오실 예수 그리스도에 대한 놀라운 계시 역시 온 인류를 향해 선포되는 것입니다. 하나님은 죄악된 행위를 반복하는 인류를 향해 쉬지 않고 구원의 약속을 상기시키시며 관계의 회복을 요청하십니다.

하나님의 구원은 '나만의 구원'을 넘어 '모든 인류의 구원'을 향하여 한 걸음 한 걸음 완성되어 가고 있습니다. 창세 때부터 지금까지 도도히 흐르고 있는 하나님의 구속하심과 일하심은 온 인류를 향한 사랑임을 기억합시다.

7-3 가죽옷과 인간의 추방
#가죽옷, #대속, #추방

여호와 하나님이 아담과 그의 아내를 위하여 가죽옷을 지어 입히시니라 (창3:21)

짐승의 피 흘림이 있어야 만들어지는 가죽옷
예수님의 피 흘림이 있어야 우리의 죄를 해결할 수 있음

3:22 여호와 하나님이 이르시되 보라 이 사람
이 선악을 아는 일에 우리 중 하나 같이 되
었으니 그가 그의 손을 들어 생명 나무 열
매도 따먹고 영생할까 하노라 하시고
23 여호와 하나님이 에덴 동산에서 그를 내
보내어 그의 근원이 된 땅을 갈게 하시니라
24 이같이 하나님이 그 사람을 쫓아내시
고 에덴 동산 동쪽에 그룹들과 두루 도는
불 칼을 두어 생명 나무의 길을 지키게 하
시니라

가죽옷의 의미

창세기 3장 21절은 **"여호와 하나님이 아담과 그의 아내를 위하여 가죽옷을 지어 입히시니라"**라고 기록되어 있습니다. 이는 고통스런 현실로부터 몸을 보호하는 옷을 만들어 주신 것을 넘어, 하나님의 구속의 은혜를 보여주는 중요한 사건입니다.

가죽옷은 짐승이 죽고 피 흘림의 과정을 거쳐야만 만들어집니다. 이는 곧 한 생명의 희생이 필요하다는 사실을 의미합니다. 아담과 하와가 범죄한 후, 스스로 무화과 나무 잎으로 치마를 만들어 부끄러움을 가렸지만, 그것은 영구적인 해결책이 될 수 없었습니다. 하나님께서는 짐승을 희생시키고 가죽옷을 만들어 주심으로써 인간이 보호받고 살아갈 수 있도록 하셨습니다. 이는 곧 대속(죄를 대신함)의 개념을 보여줍니다. 인간의 죄를 덮기 위해서는 반드시 피 흘림이 필요하며 이것은 예수 그리스도의 보혈을 통한 죄 사함을 상징합니다. 그리고 그 옷은 바로 하나님께서 범죄한 인간을 위해서 친히 만들어 주신 옷입니다. 가죽옷을 지어 입히시어 부끄러움을 가려주시고 몸을 보호할 수 있도록 자비를 베푸신 하나님의 사랑을 사도 바울은 갈라디아서를 통해 예수 그리스도의 구원 사건과 연결합니다. **"누구든지 그리스도와 합하기 위하여 세례를 받은 자는 그리스도로 옷 입었느니라"**(갈라디아서3:27).

죄로 인해 벌거숭이가 된 우리에게 하나님은 예수님을 옷으로 입혀 주셨습니다. 죄의 종인 우리가 예수님을 옷입음으로 구원의 백성이 된 것입니다.

생명 나무와 인간의 추방

창세기 3장 22~24절에는 하나님께서 인간을 에덴 동산에서 내보내시는 장면이 나옵니다. 하나님께서는 인간이 선악을 알게 되었기 때문에 에덴 동산에 불 칼을 두사 그들이 생명 나무 열매를 먹고 영원히 사는 것을 막으셨습니다. 이는 죄를 지은 인간에게 내린 벌이 아닙니다. 인간이 죄 가운데 영원히 사는 것을 방지하기 위한 하나님의 은혜로운 조치였습니다. 죄로 인해 타락한 상태에서 영생하는 것은 축복이 아니라 저주이기 때문입니다. 이제 하나님은 인간이 생명 나무에 의존하여 영원히 사는 것이 아니라, 하나님의 은혜를 통해 영생을 얻는 구원 계획을 세우신 것입니다.

지금까지 창세기 3장에 등장하는 사탄의 유혹과 인간의 죄를 살펴보았습니다. 이를 통해 알아야 할 핵심은 3장의 말씀이 단순히 '인간의 타락'을 보여주는 것을 넘어 '하나님의 구원 계획'이 시작되는 순간임을 선포한다는 사실입니다.

궁금해요

성경에 나오는 옷과 관련된 흥미로운 사건들

Q. 성경에 나오는 옷에는 어떤 의미들이 있나요?

A. 에덴 동산에서 쫓겨난 아담과 하와에게 하나님께서 가죽옷을 입히신 장면은 구속의 은혜를 보여주는 상징입니다. 이처럼 '옷'은 성경에서 신분과 정체성, 하나님의 은혜를 나타내는 강력한 메타포로 자주 등장합니다.

누가복음 8장에는 열두 해 동안 혈루증을 앓던 여인이 몰래 예수님의 옷자락을 만졌고 그 순간 치유되었다는 이야기가 나옵니다. 이는 예수님이 우리와 같은 인간이 아니라 하나님의 능력을 지닌 분이라는 사실을 증명합니다. 요한복음 19장에는 십자가에 못 박히신 예수님의 옷을 로마 군인들이 나누어 갖는 장면이 묘사됩니다. 벌거벗겨진 예수님은 극심한 수치와 모욕 가운데 고난을 당하시며 동시에 우리를 위해 모든 것을 내려놓으신 모습을 보여 주십니다. 창세기 후반부에는 아버지 야곱이 아들 요셉을 사랑해서 채색옷을 입혔다는 내용이 나옵니다. 아버지의 사랑을 나타내던 그 옷은 다른 형제들이 야곱에게 요셉이 죽었음을 알리는 속임수의 증거로 바뀝니다.

옷은 인류에게 수치를 가리는 용도로, 때로는 성공의 상징이나 신분의 변화를 나타내는 이미지로 사용되어 왔습니다. 그리스도인인 우리는 이와 같은 옷의 의미를 넘어 너무나 귀하고 값진 옷을 입게 되었습니다. 수치를 가리우고 영광스러운 존재로 인정받는 왕의 자녀의 옷, 바로 예수 그리스도라는 옷을 입은 것입니다. 이 옷은 내 능력으로는 결코 구할 수 없는 것으로 오직 나를 위해 희생하신 예수 그리스도께서 보혈로 입혀주신 은혜의 옷입니다.

꼭 기억합시다!

① 아담과 하와는 죄의 대가로 벌을 받습니다. 여자는 임신과 출산의 고통이 크게 더해지고 남편과 끊임없는 주도권 다툼을 벌이게 됩니다. 남자는 평생을 수고해야지만 소산을 얻을 수 있고, 인류는 영원한 삶이 끝남으로 유한한 인생을 살게 됩니다.

3:16 또 여자에게 이르시되 내가 네게 임신하는 고통을 크게 더하리니 네가 수고하고 자식을 낳을 것이며
너는 남편을 원하고 남편은 너를 다스릴 것이니라 하시고
17 아담에게 이르시되 네가 네 아내의 말을 듣고 내가 네게 먹지 말라 한 나무의 열매를 먹었은즉 땅은 너
로 말미암아 저주를 받고 너는 네 평생에 수고하여야 그 소산을 먹으리라
3:19 네가 흙으로 돌아갈 때까지 얼굴에 땀을 흘려야 먹을 것을 먹으리니 네가 그것에서 취함을 입었음이라
너는 흙이니 흙으로 돌아갈 것이니라 하시니라

② 하나님은 인간을 유혹한 뱀, 즉 사탄에게 다른 모든 짐승보다 더 저주를 받아 배로 기어다니며 흙을 먹을 거라고 저주하십니다.

3:14 여호와 하나님이 뱀에게 이르시되 네가 이렇게 하였으니 네가 모든 가축과 들의 모든 짐승보다 더욱
저주를 받아 배로 다니고 살아 있는 동안 흙을 먹을지니라

③ 하나님은 사탄과 여자가 원수가 되게 하고 그 후손까지 이 관계가 영원토록 지속될 것을 선언하십니다. 또 사탄이 여자의 후손을 괴롭히지만, 여자의 후손 곧 예수 그리스도가 사탄의 머리를 밟고 승리하실 것(원시복음)을 선언하셨습니다.

3:15 내가 너로 여자와 원수가 되게 하고 네 후손도 여자의 후손과 원수가 되게 하리니 여자의 후손은 네 머
리를 상하게 할 것이요 너는 그의 발꿈치를 상하게 할 것이니라 하시고

④ 아담과 하와는 에덴 동산에서 쫓겨나고, 하나님은 구속의 예표로서 가죽옷을 지어 입히십니다.

3:21 여호와 하나님이 아담과 그의 아내를 위하여 가죽옷을 지어 입히시니라
3:23 여호와 하나님이 에덴 동산에서 그를 내보내어 그의 근원이 된 땅을 갈게 하시니라

오늘의 나눔

① 인생에서 실망스럽거나 실패했다고 느꼈던 순간에 여전히 나를 포기하지 않으시는 하나님을 느낀 적이 있나요?

② 죄를 이길 힘은 어디서부터 온다고 생각하나요? 나는 죄와 싸워 이길 힘이 있나요?

③ 하나님은 죄를 범한 인간에게 가죽옷을 입히셨습니다. 나는 회복을 준비하시는 하나님의 섬세한 배려를 어떻게 경험했나요?

마무리 기도

죄인 된 우리에게 예수 그리스도의 옷을 입혀주신 하나님 아버지, 죄악과 허물을 가리워 주시고 주님의 음성을 들으며 당신과의 교제 속에서 살아가게 하옵소서.

“

분노로 인해 살인을 저지르는
인간의 악행에도 불구하고
하나님은 악이 관영하는
세상을 막는 일을
포기하지 않으십니다.

”

Part 06

인류 최초의 살인과 불순종

Day08 가인과 아벨

제사를 드린 가인과 아벨

분노에 휩싸인 가인과 말리시는 하나님

인류 최초의 살인과 하나님이 주신 기회

죄의 대가

죄의 확산을 막으시는 하나님

끝까지 순종하지 않는 인간

Day 08. 가인과 아벨

종일묵상 성경공부 아래 QR 코드에 접속하면 저자 김종일 목사님과 함께 성경 공부를 할 수 있습니다.

종일묵상 창세기 8강

오늘의 기도 아래 기도를 따라 읽으며 성경 공부를 준비해 봅시다.

오늘 이 시간을 통해 우리 안에 분노와 죄의 씨앗이 자라지 않게 하시고 하나님의 음성에 귀 기울이며 순종하게 하소서.

복습하기 아래 키워드를 보고 지난 시간의 내용을 기억해 보세요.

죄의 결과 원시복음 가죽옷

오늘의 내용

1. 제사를 드린 가인과 아벨
2. 분노와 죄 지음
3. 최초의 살인과 죄의 무서움

오늘의 핵심 구절

네가 선을 행하면 어찌 낯을 들지 못하겠느냐 선을 행하지 아니하면 죄가 문에 엎드려 있느니라 죄가 너를 원하나 너는 죄를 다스릴지니라 (창4:7)

오늘의 본문 창세기 4장 1~17절

1아담이 그의 아내 하와와 동침하매 하와가 임신하
여 가인을 낳고 이르되 내가 여호와로 말미암아 득
남하였다 하니라 2그가 또 가인의 아우 아벨을 낳
았는데 아벨은 양 치는 자였고 가인은 농사하는 자
였더라 3세월이 지난 후에 가인은 땅의 소산으로
제물을 삼아 여호와께 드렸고 4아벨은 자기도 양
의 첫 새끼와 그 기름으로 드렸더니 여호와께서 아
벨과 그의 제물은 받으셨으나 5가인과 그의 제물
은 받지 아니하신지라 가인이 몹시 분하여 안색이
변하니 6여호와께서 가인에게 이르시되 네가 분하
여 함은 어찌 됨이며 안색이 변함은 어찌 됨이냐
7네가 선을 행하면 어찌 낯을 들지 못하겠느냐 선
을 행하지 아니하면 죄가 문에 엎드려 있느니라 죄
가 너를 원하나 너는 죄를 다스릴지니라 8가인이
그의 아우 아벨에게 말하고 그들이 들에 있을 때
에 가인이 그의 아우 아벨을 쳐죽이니라 9여호와
께서 가인에게 이르시되 네 아우 아벨이 어디 있느
냐 그가 이르되 내가 알지 못하나이다 내가 내 아
우를 지키는 자니이까 10이르시되 네가 무엇을 하
였느냐 네 아우의 핏소리가 땅에서부터 내게 호소
하느니라 11땅이 그 입을 벌려 네 손에서부터 네 아
우의 피를 받았은즉 네가 땅에서 저주를 받으리니
12네가 밭을 갈아도 땅이 다시는 그 효력을 네게 주
지 아니할 것이요 너는 땅에서 피하며 유리하는 자
가 되리라 13가인이 여호와께 아뢰되 내 죄벌이 지
기가 너무 무거우니이다 14주께서 오늘 이 지면에
서 나를 쫓아내시온즉 내가 주의 낯을 뵈옵지 못하
리니 내가 땅에서 피하며 유리하는 자가 될지라 무
릇 나를 만나는 자마다 나를 죽이겠나이다 15여호
와께서 그에게 이르시되 그렇지 아니하다 가인을
죽이는 자는 벌을 칠 배나 받으리라 하시고 가인에
게 표를 주사 그를 만나는 모든 사람에게서 죽임을
면하게 하시니라 16가인이 여호와 앞을 떠나서 에
덴 동쪽 놋 땅에 거주하더니 17아내와 동침하매 그
가 임신하여 에녹을 낳은지라 가인이 성을 쌓고
그의 아들의 이름으로 성을 이름하여 에녹이라 하
니라

8-1 제사를 드린 가인과 아벨

#최초의제사, #제물과마음

4:3 세월이 지난 후에 가인은 땅의 소산으로 제물을 삼아 여호와께 드렸고
4 아벨은 자기도 양의 첫 새끼와 그 기름으로 드렸더니
여호와께서 아벨과 그의 제물은 받으셨으나
5 가인과 그의 제물은 받지 아니하신지라 가인이 몹시 분하여 안색이 변하니
(창4:3~5)

가인 : 땅의 소산

아벨 : 양의 첫 새끼와 기름

받지 않으심

받으심

제사를 드린 가인과 아벨

창세기 4장은 에덴 동산에서 나온 아담과 하와가 자녀를 낳고 살아가는 이야기로 시작합니다. 범죄하여 에덴 동산에서 쫓겨난 두 사람이지만 생육하고 번성하라는 하나님의 약속과 축복은 여전히 유효한 명령이었습니다. 아담과 하와는 두 아들, 첫째 가인과 둘째 아벨을 낳았습니다. 두 형제는 성장한 후 하나님께 제사를 드리게 되며 여기서 중요한 사건이 전개됩니다.

가인의 제물을 받지 않으신 하나님

4:4~5 …여호와께서 아벨과 그의 제물은 받으셨으나 가인과 그의 제물은 받지 아니하신지라

첫째 가인과 둘째 아벨은 각기 다른 생업을 가졌습니다. 가인은 농사를 짓는 사람이었고 땅의 소산을 하나님께 제물로 드렸습니다. 반면, 아벨은 양을 치는 자로서 양의 첫 새끼와 그 기름을 하나님께 바쳤습니다. 두 사람 모두 제사를 드렸지만, 결과는 달랐습니다. 창세기 4장 4~5절을 보면 하나님께서는 아벨의 제물은 받으셨으나 가인의 제물은 받지 않으셨다고 기록되어 있습니다. 두 사람이 드린 제물에서 차이를 느낄 수 있습니까? 하나님께서 왜 아벨의 제물만 받으셨을까요? 이에 대한 정답이 정해져 있지는 않지만, 중요한 점은 하나님께서 한 사람의 제사는 받으셨고 또 한 사람의 제사는 받지 않으셨다는 점입니다. 창세기는 그 이유를 명확하게 설명하지 않습니다. 하지만 히브리서 11장 4절에는 가인과 아벨의 제사에 대한 의미있는 언급이 나옵니다.

믿음으로 아벨은 가인보다 더 나은 제사를 하나님께 드림으로 의로운 자라 하시는 증거를 얻었으니 하나님이 그 예물에 대하여 증언하심이라 그가 죽었으나 그 믿음으로써 지금도 말하느니라 (히브리서 11:4)

두 사람의 제사에서 하나님께서 중요하게 여기신 것은 제물의 종류가 아니라 마음의 중심, 즉 믿음이었습니다. 외적인 제물의 종류나 가치보다 하나님은 제사를

드리는 영혼의 마음, 즉 믿음을 중요하게 보신다는 것을 히브리서 기자는 강조하고 있는 것입니다.

만약 여러분이 가인의 입장이라면 어떨 것 같습니까? 제사를 드린 행위는 동일했는데 하나님께서 내 제물은 받지 않으시고 상대방의 제물만 받으셨다면 어떤 반응을 보일 것 같습니까? 가인은 이에 대해 안색이 변하는 반응을 보입니다.

종일묵상 Talk

일과 드림

현대인들은 수고의 결과물을 오롯이 자기 땀의 대가라고 생각합니다. 그래서 그 열매를 전부 자신이 취하는 것이 마땅하다고 여깁니다. 그러나 실제로 우리는 직장과 일터에서 얻은 소득의 적지 않은 부분을 세금이라는 방식으로 사회에 환원하고 있습니다. 이는 국가와 정부가 나에게 일할 수 있는 환경을 마련해 주었고 그 공적 환경을 활용한 데 대한 일종의 사용료를 지불하는 것이기 때문입니다. 세금 외에도 우리는 공동체를 유지하기 위한 다양한 비용을 감당합니다.

고대 이집트는 신격화된 왕에게 제물을 바치는 방식으로 노동의 결과물을 사용했습니다. 그렇기 때문에 그 당시 수많은 백성은 일의 열매를 얻고도 대부분을 절대 권력자에게 바쳐야 했고 결국 굶주림 속에 살았습니다. 창세기 이야기를 듣던 이스라엘 민족도 마찬가지였을 것입니다. 수백 년 동안 노예로 살아온 그들에게 노동은 보람이 아닌 고통의 상징이었을 것입니다. 어쩌면 출애굽을 한 후에도 이번에는 누구에게 노동의 결과물을 바쳐야 할지 궁금해했을 수도 있습니다.

가인과 아벨이 농사를 짓고 가축을 키우는 이야기는 인간이 땅에서 하는 노동의 삶이 하나님과 관련되어 있음을 보여줍니다. 특히 아벨은 자신의 수고로 얻은 소산의 일부를 하나님께 기쁘게 드렸습니다. 그는 결과물을 주시는 분이 하나님이심을 알고 그분께 열매를 드림으로써 더 풍성한 삶을 허락받을 것이라는 믿음이 있었습니다. 이제 이스라엘 민족은 노동의 대가로 귀한 결과물을 주시는 하나님을 알게 됩니다. 수고의 열매를 빼앗는 권력자와는 달리, 함께 열매를 나누고 풍성한 삶을 허락하시는 진정한 신을 경험하게 되는 것입니다. 빼앗기는 경험만 해왔던 이스라엘 백성은 열매를 얻을 수 있는 은혜와 축복을 베푸시는 분이 계시며 그분과 함께 대화하며 살아가는 삶이 가능하다는 사실을 일을 통해 깨닫게 될 것입니다.

8-2 분노에 휩싸인 가인과 말리시는 하나님

#선, #죄, #죄를다스림

5 가인과 그의 제물은 받지 아니하신지라 가인이 몹시 분하여 안색이 변하니
6 여호와께서 가인에게 이르시되 네가 분하여 함은 어찌 됨이며 안색이 변함은 어찌 됨이냐
7 네가 선을 행하면 어찌 낯을 들지 못하겠느냐 선을 행하지 아니하면
죄가 문에 엎드려 있느니라 죄가 너를 원하나 너는 죄를 다스릴지니라
(창4:5~7)

네가 선을 행하면
어찌 낯을 들지 못하겠느냐
네(가인)가 나(하나님)를 기쁘게 하는
제사를 믿음으로 드렸다면,
분할 일이 없지 않겠느냐
타이르시는 하나님

선을 행하지 아니하면
죄가 문에 엎드려 있느니라
문 앞에 '죄'가 웅크리고 있으니,
당장이라도 너(가인)의 분노가
죄로 이어질까
경고하시는 하나님

죄가 너를 원하나 너는 죄를 다스릴지니라
범죄함을 막기 위해 엄히 명령하시는 하나님

분노에 휩싸인 가인과 말리시는 하나님

성경은 하나님이 자신의 제사를 받지 않자 '가인이 몹시 분하여 안색이 변했다'라고 기록하고 있습니다. 가인은 분노로 하나님께 반응한 것입니다. 하나님은 이러한 가인의 태도에 어떤 말씀을 하셨을까요? 하나님은 분노한 가인을 내버려두거나 책망하지 않으시고 질문하십니다. '너는 왜 화를 내느냐, 어찌하여 얼굴빛이 변하였느냐?'라고 물으시며 분노를 다스리지 못하는 가인을 타이르십니다. **"네가 선을 행하면 어찌 낯을 들지 못하겠느냐"**라는 말씀으로 '너는 진정으로 나를 기쁘게 하는 믿음의 제사를 드렸느냐? 그렇다면 분노할 이유가 없지 않느냐?'라고 가인의 제물을 받지 않으신 이유를 말씀해 주십니다.

경고하시는 하나님

"선을 행하지 아니하면 죄가 문에 엎드려 있느니라"라는 말씀은 문 앞에 죄가 도사리고 있다는 뜻입니다. 한 마디로 가인이 계속해서 분노를 다스리지 못하면, 마음의 문을 여는 순간 웅크리고 있던 죄가 왈칵 달려들어 범죄함으로 이어지는 상황을 경계하시는 것입니다. 끝으로 **"죄가 너를 원하나 너는 죄를 다스릴지니라"**라는 말씀으로 분노가 죄로 연결되지 않도록 마음을 다스릴 것을 엄중히 경고하십니다. 가인은 이때 하나님의 음성을 들어야만 했습니다. 우리는 악한 감정에 휘둘리는 순간 우리를 말리시는 하나님의 음성을 놓쳐서는 안 됩니다.

인간은 누구나 분노할 수 있습니다. 분노하는 감정 자체를 죄로 볼 수는 없습니다. 하지만 많은 경우, 분노를 다스리지 못한 인간은 곧 죄의 길로 들어서게 됩니다. 오늘날에도 하나님은 인간의 범죄함을 막기 위해 분노한 인간에게 수많은 경고의 메시지를 주십니다. 말씀 안에서, 기도로, 가족이나 직장 동료를 통해서도 죄가 우리를 삼키지 못하게 알람을 울리십니다. 우리는 이 음성을 들어야 합니다.

8-3 인류 최초의 살인과 하나님이 주신 기회

#회개의기회, #핑계

[4:8] 가인이 그의 아우 아벨에게 말하고 그들이 들에 있을 때에
가인이 그의 아우 아벨을 쳐죽이니라
[9] 여호와께서 가인에게 이르시되 네 아우 아벨이 어디 있느냐
그가 이르되 내가 알지 못하나이다 내가 내 아우를 지키는 자니이까
[10] 이르시되 네가 무엇을 하였느냐 네 아우의 핏소리가 땅에서부터 내게 호소하느니라
(창4:8~10)

여호와께서 가인에게 이르시되
네 아우 아벨이 어디 있느냐
비록 죄를 지었지만
회개의 기회를 주시기 위해
가인을 부르시고
질문하시는 하나님

그가 이르되 내가 알지 못하나이다
내가 내 아우를 지키는 자니이까
하나님 앞에서 거짓을 말하고
하나님께 따지듯 화를 내는
죄지은 인간의 뻔뻔한 모습

이르시되 네가 무엇을 하였느냐
네 아우의 핏소리가 땅에서부터 내게 호소하느니라
이미 모든 것을 알고 계시지만 집요하게 우리의 죄를 물으시고
스스로 깨닫고 자백과 회개하기를 원하시는 하나님

인류 최초의 살인 사건

마침내 가인은 끔찍한 죄를 저지릅니다. 들판에서 동생 아벨을 살해한 것입니다. 이것이 인류 역사상 최초의 살인 사건입니다. 하나님은 가인에게 물으십니다.

"네 아우 아벨이 어디 있느냐?"(창4:9)

아담과 하와가 처음 죄를 지었을 때와 마찬가지로 하나님은 이번에도 먼저 질문하십니다. 죄를 자백하고 회개할 기회를 주신 것입니다. 그러나 가인은 이렇게 대답합니다.

"알지 못하나이다 내가 내 아우를 지키는 자니이까?"(창4:9)

자신의 죄를 모른 체하며 오히려 하나님께 따지듯 말하는 가인의 모습은 뻔뻔함을 넘어 인간의 어리석음을 그대로 보여줍니다. 회개의 기회로 질문을 던지시는 하나님에게 인간은 오히려 거짓으로 대드는 악을 행합니다.

회개의 기회를 놓친 인간과 죄의 결과

하나님께서는 이미 모든 사실을 알고 계셨습니다. 그러나 가인이 자신의 죄를 끝까지 모른 척하자 더 구체적이고 집요하게 그의 죄를 지적하십니다.

"네가 무엇을 하였느냐? 네 아우의 핏소리가 땅에서부터 내게 호소하느니라"

(창4:10)

하나님은 마지막 순간까지도 가인이 죄를 인정하고 용서를 구하기를 바라셨을 것입니다. 그러나 가인은 하나님이 주신 회개의 기회를 끝내 놓쳐 버립니다. 그 결과 죄를 깨닫고 돌이키지 않은 가인은 징계를 받게 됩니다.

8-4 죄의 대가

#저주, #땅의효력상실, #떠도는자

4:11땅이 그 입을 벌려 네 손에서부터 네 아우의 피를 받았은즉 네가 땅에서 저주를 받
으리니 12네가 밭을 갈아도 땅이 다시는 그 효력을 네게 주지 아니할 것이요 너는 땅
에서 피하며 유리하는 자가 되리라 (창4:11~12)

살인=죄 → 회개의 기회 → 회개하지 않음 → 징계 → 나의 업(땅)을 잃고 쉼 없이 떠도는 인생

땅의 효력이 다함,
유리(떠도는)하는 자가 됨

가인이 받은 징계

죄에는 반드시 대가가 따릅니다. 때때로 인간은 죄를 지으면서도 성공과 축복을 기대합니다. 때로는 죄 가운데서 승승장구하는 사람들을 보며 마음이 혼란스럽기도 합니다. 그러나 성경은 분명히 말합니다. **"죄의 삯은 사망이요"**(로마서 6:23).

가인이 받은 징계는 구체적이었습니다.

12 네가 밭을 갈아도 땅이 다시는 그 효력을 네게 주지 아니할 것이요, 너는 땅에서 피하며 유리하는 자가 되리라

첫째, 그가 살던 땅이 저주를 받아 더 이상 소산을 내지 않게 되었습니다. 이는 생계의 기반을 잃는 것을 의미합니다. 둘째, 그는 정처 없이 떠돌며 사는 유리하는 자가 되었습니다. 안정된 삶의 터전 없이 두려움과 방황 속에 살아가는 운명에 처한 것입니다.

이처럼 죄로 인한 저주는 단지 한 사람의 문제로 끝나지 않습니다. 그것은 그의 삶 전반, 즉 하나님께서 축복하셨던 모든 영역에까지 영향을 미칩니다. 죄가 자리 잡은 곳에는 하나님의 은혜 대신 척박함과 고통만이 남게 됩니다.

모든 죄에는 반드시 대가가 따릅니다. 사람의 눈에는 당장 형통해 보일지 몰라도 하나님의 정의는 절대 무너지지 않습니다. 우리는 겸손히 하나님의 말씀 앞에서서 죄를 가볍게 여기지 말고 회개의 기회를 놓쳐서는 안 됩니다. 죄로 인한 저주는 단지 나 혼자만의 문제로 끝나지 않습니다.

8-5 죄의 확산을 막으시는 하나님

#죄의확산, #하나님의표

4:13 가인이 여호와께 아뢰되 내 죄벌이 지기가 너무 무거우니이다
14 주께서 오늘 이 지면에서 나를 쫓아내시온즉 내가 주의 낯을 뵈옵지 못하리니 내가
땅에서 피하며 유리하는 자가 될지라 무릇 나를 만나는 자마다 나를 죽이겠나이다
15 여호와께서 그에게 이르시되 그렇지 아니하다 가인을 죽이는 자는 벌을 칠 배나
받으리라 하시고 가인에게 표를 주사 그를 만나는 모든 사람에게서 죽임을 면하게 하
시니라 (창4:13~15)

죄인이 된 가인은 벌하셨으나
다른 죄로 확산되는 것을 막으시는 하나님

회개의 기회를 주심 → 회개하지 않음 → 징계 (벌하심) → 죄의 확산을 막으심

죄의 확산을 막으시는 하나님

가인은 하나님의 징계를 받은 뒤에야 비로소 낮아진 자세로 호소합니다. **"내 죄벌이 지기가 너무 무거우니이다"**(13절) 그는 이어 **"나를 만나는 자마다 나를 죽이겠나이다"**(14절)라고 두려움을 드러냅니다. 그는 왜 이런 말을 했을까요? 단순히 죄책감 때문만은 아니었을 것입니다. 자신이 저지른 살인의 대가로 아담과 하와의 다른 자손들이 복수할 것을 우려했을 수도 있고, 무엇보다 하나님께서 보호하지 않으실 것이라는 근본적인 불안감이 있었던 것으로 보입니다.

하지만 하나님은 또 다른 죄가 발생하는 것을 원치 않으셨습니다. 가인의 죄가 또 다른 폭력으로 이어지는 것을 막기 위해 하나님은 **"가인을 죽이는 자는 벌을 칠 배나 받으리라"**(15절)라고 선언하시고 가인을 위해 특별한 표를 주셔서 그의 생명을 보호하십니다. 이 장면에서 우리는 죄인에 대한 하나님의 공의와 동시에 죄의 확산을 막으시는 긍휼을 볼 수 있습니다. 하나님은 심판하시되 그 심판이 또 다른 죄로 이어지지 않도록 하십니다.

죄를 짓는 인간과 하나님의 마음

가인의 죄는 단순한 실수가 아닌 분노에서 비롯된 명백한 살인이었습니다. 그러나 하나님은 그가 죄를 짓기 전, 그 분노의 순간에 먼저 개입하셨습니다. 가인에게 경고하시며 스스로 다스릴 것을 촉구하신 것입니다. 우리도 분노할 수 있습니다. 하지만 그 분노를 방치하면 결국 죄로 이어집니다. 에베소서 4장 26~27절은 이렇게 권면합니다. **"분을 내어도 죄를 짓지 말며 해가 지도록 분을 품지 말고 마귀에게 틈을 주지 말라"** 분노의 감정 자체는 잘못이 아닙니다. 그러나 그것을 제어하지 못하고 방치할 때, 결국 파괴적인 결과를 초래하게 됩니다.

만약 죄를 지었다면 그 자리에서 하나님 앞에 나아가야 합니다. 하나님은 우리의 죄를 결코 가볍게 여기지 않으시지만, 회개하는 자에게는 회복의 기회를 주시며 죄가 더 퍼지지 않도록 막아주십니다.

8-6 끝까지 순종하지 않는 인간

#불순종, #성쌓기

16 가인이 여호와 앞을 떠나서 에덴 동쪽 놋 땅에 거주하더니
17 아내와 동침하매 그가 임신하여 에녹을 낳은지라 가인이 성을 쌓고
그의 아들의 이름으로 성을 이름하여 에녹이라 하니라 (창4:16~17)

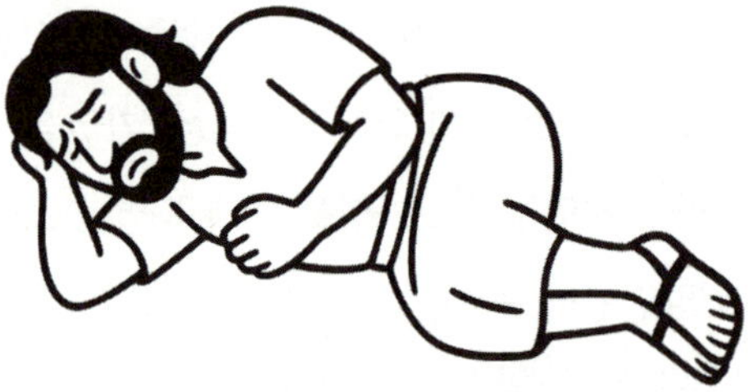

하나님의 명령 : 유리하는 삶

불순종

가인의 선택 : 정착과 건설과 출산

땅에 거주

성을 쌓음

자식을 낳음

정착하여 도시를 건설하고 가문을 이루며
자신의 세력을 키워가는 삶

끝까지 순종하지 않는 인간

가인은 결국 여호와 앞을 떠나게 됩니다. 하나님께서 그에게 내리신 징계는 **'너는 땅에서 저주를 받아 유리하는 자가 될 것이다'**(창4:12)라는 것이었습니다. 평생 정착하지 못하고 쉼 없이 떠도는 삶을 살아야 했습니다. 그런데 성경은 가인이 이 징계를 있는 그대로 받아들이지 않았다는 사실을 보여줍니다.

4:16~17 가인이 여호와 앞을 떠나서 에덴 동쪽 놋 땅에 거주하더니 아내와 동침하매 그가 임신하여 에녹을 낳은지라 가인이 성을 쌓고 그의 아들의 이름으로 성을 이름하여 에녹이라 하니라

16절의 '여호와 앞을 떠나서'라는 표현처럼 가인은 하나님과의 관계를 끊고 자신의 삶을 스스로 세우려 했습니다. 그는 에덴 동쪽 놋 땅에 정착해 성을 쌓고, 도시를 만들며, 아들의 이름을 따서 그 성을 '에녹'이라고 불렀습니다. 이 장면은 가인이 하나님의 징계를 피해 도망쳤을 뿐만 아니라, 하나님 없는 삶을 적극적으로 세우려는 시도로 볼 수 있습니다. 그는 떠도는 삶 대신 안정적인 구조를 만들고 자손을 통해 자기 이름을 남기려고 했습니다. 겉보기엔 성취처럼 보일지 몰라도 그 밑에는 하나님을 떠난 자기중심적 선택이 있었습니다. 가인은 징계 앞에서도 하나님께 엎드리지 않았고 회개의 흔적도 보이지 않습니다. 그는 오히려 하나님을 등지고 자신의 방식대로 문제를 해결하려는 길을 택했습니다. 그렇다면 왜 하나님은 가인을 그냥 두셨을까요? 왜 멸하지 않으시고 놋 땅에서 자손을 이루는 것을 허락하셨을까요? 이 질문은 하나님의 심판이 단지 징계에 그치지 않고 자유의지를 지닌 인간이 어떤 선택을 하는지 끝까지 지켜보시는 하나님의 인내를 떠올리게 합니다.

가인의 모습은 결국 하나님의 음성을 거부하고 스스로 삶의 주인이 되려는 죄를 지은 인간의 본성을 드러냅니다. 그리고 그 모습은 지금 우리 안에서도 반복되고 있습니다. 가인의 이야기는 단순한 과거의 사건이 아니라, 하나님의 말씀 앞에서 우리는 어떻게 반응하고 있는지를 깊이 돌아보게 하는 메시지입니다.

종일묵상 Talk

죄의 결과와 그 무서움 : 아담과 하와, 그리고 가인과 아벨

하나님은 아담과 하와에게 "선악을 알게 하는 나무의 열매를 먹는 날에는 반드시 죽으리라"라고 말씀하셨습니다. 그러나 아담과 하와는 그 말씀을 어기고 열매를 먹었음에도 즉시 죽지 않았습니다. 대신, 그들은 하나님과의 관계에서 단절되었고 결국 육체적으로도 죽음을 맞이하게 되었습니다. 하지만 그보다 먼저 그들이 목격한 것은 자기 죽음보다 더 참혹한 결과였습니다.

아담과 하와가 직접 경험한 첫 번째 죽음은 자신들의 죽음이 아니었습니다. 그들이 경험한 죽음은 큰아들 가인이 동생 아벨을 죽이는 장면이었습니다. 죄는 단순히 개인의 잘못으로 끝나는 것이 아니라, 후대에까지 영향을 미치는 무서운 힘을 가지고 있습니다. 부모가 범한 죄의 결과를 자녀들이 겪게 되는 것은 끔찍한 현실입니다. 아담과 하와는 "반드시 죽으리라"라는 경고의 의미를 자신들의 생명이 아니라, 큰아들의 살인과 작은아들의 죽음이라는 더욱 끔찍한 방식으로 경험하게 된 것입니다.

죄를 지으면 그 즉시 심판을 받지 않는 경우가 많습니다. 그러나 죄의 대가는 반드시 치러지며 그것이 우리 자신뿐만 아니라 우리의 자녀, 더 나아가 다음 세대까지 영향을 미친다는 것을 잊지 말아야 합니다. 한 세대가 저지른 죄가 다음 세대의 짐이 되는 것을 우리는 역사 속에서 그리고 개인의 삶 속에서도 자주 목격합니다.

그렇기 때문에 우리는 죄를 가볍게 여겨서는 안 됩니다. 죄를 지었다면 즉시 회개하고 해결해야 합니다. 하나님께 나아가 용서를 구하고 죄의 사슬을 끊기 위해 성령님의 능력을 구해야 합니다. 죄를 방치하면 그 결과는 예측할 수 없는 고통과 비극으로 이어질 수 있기 때문입니다.

인생은 한 세대로 끝나는 것이 아닙니다. 우리가 살아가는 동안 무엇을 선택하느냐에 따라 우리의 후손들이 감당해야 할 인생의 무게가 달라질 수 있습니다. 그러므로 우리는 신중하게 선택해야 하며 하나님의 뜻 안에서 바른 길을 걸어가야 합니다. 죄의 결과는 피할 수 없지만, 회개와 순종을 통해 하나님의 은혜를 구할 수 있습니다. 지금 우리가 해야 할 일은 죄를 깨닫고 하나님께로 돌아가 그분의 용서를 구하는 것입니다.

꼭 기억합시다!

① 가인과 아벨은 하나님께 제사를 드리지만 하나님은 가인의 제사는 받지 않으십니다. 하나님께서는 분노한 가인을 찾아오셔서 죄를 다스릴 것을 경고하십니다.

4:5 가인과 그의 제물은 받지 아니하신지라 가인이 몹시 분하여 안색이 변하니
6 여호와께서 가인에게 이르시되 네가 분하여 함은 어찌 됨이며 안색이 변함은 어찌 됨이냐
7 네가 선을 행하면 어찌 낯을 들지 못하겠느냐 선을 행하지 아니하면 죄가 문에 엎드려 있느니라 죄가 너를 원하나 너는 죄를 다스릴지니라

② 가인은 끝내 아벨을 살해합니다. 인류 최초의 살인입니다. 하나님은 그런 가인을 찾아가 회개의 기회를 주시지만 가인은 뉘우치지 않습니다.

4:8 가인이 그의 아우 아벨에게 말하고 그들이 들에 있을 때에 가인이 그의 아우 아벨을 쳐죽이니라
9 여호와께서 가인에게 이르시되 네 아우 아벨이 어디 있느냐 그가 이르되 내가 알지 못하나이다 내가 내 아우를 지키는 자니이까

③ 가인은 죄의 대가로 그 땅이 효력을 다하고 유리하는 자가 됩니다. 하나님은 비록 가인을 벌하셨지만 가인에게 '표'를 주셔서 죽임을 면하게 하십니다. 이는 죄의 확산을 막기 위한 자비의 조치였습니다.

4:11 땅이 그 입을 벌려 네 손에서부터 네 아우의 피를 받았은즉 네가 땅에서 저주를 받으리니
12 네가 밭을 갈아도 땅이 다시는 그 효력을 네게 주지 아니할 것이요 너는 땅에서 피하며 유리하는 자가 되리라
4:15 여호와께서 그에게 이르시되 그렇지 아니하다 가인을 죽이는 자는 벌을 칠 배나 받으리라 하시고 가인에게 표를 주사 그를 만나는 모든 사람에게서 죽임을 면하게 하시니라

④ 가인은 끝까지 하나님의 말씀에 불순종합니다. 그는 땅에 거주하며 성을 쌓고 자식을 낳으며 살아갑니다.

4:16 가인이 여호와 앞을 떠나서 에덴 동쪽 놋 땅에 거주하더니
17 아내와 동침하매 그가 임신하여 에녹을 낳은지라 가인이 성을 쌓고 그의 아들의 이름으로 성을 이름하여 에녹이라 하니라

오늘의 나눔

① 내가 드리는 예배나 봉헌은 '마음에서 우러난 것'인가요? 누군가에게 보이기 위한 형식적인 것이 된 적은 없나요?

② 분노라는 감정이 올라올 때, 나는 그것을 다스릴 수 있었나요? 감정 앞에서 스스로를 통제했던 기억이 있다면 어떤 상황이었나요?

③ 나는 하나님이 주시는 회개의 기회를 어떻게 대하고 있나요? 끝까지 내 뜻을 고집했던 적이 있다면 왜 그랬나요?

④ 하나님은 끝까지 불순종한 가인에게도 '표'를 주셨습니다. 하나님의 자비를 예상하지 못한 방식으로 경험했던 적이 있나요?

마무리 기도

믿음 없이 사는 우리는 죄의 길로 들어설 수밖에 없는 연약한 죄인입니다. 하나님의 경고의 음성을 들을 수 있는 귀를 주시고 악으로 사는 인생이 아닌 은혜로 사는 삶을 선택하게 하소서.

“

하나님을 대적하는
문명과 산업과 기술의 발전은
인간에게 결코 진정한 번영의 기쁨을
주지 못합니다.

”

Part 07

가인의 자손, 셋의 자손

Day09 가인의 자손들

창세기 첫 족보, 가인의 가문

죄의 정점, 라멕의 특징

셋의 가문과 여호와의 이름

Day10 셋의 자손들

셋의 족보

므두셀라가 969세까지 장수한 이유

가인의 족보 VS 셋의 족보

Day 09. 가인의 자손들

종일묵상 성경공부 아래 QR 코드에 접속하면 저자 김종일 목사님과 함께 성경 공부를 할 수 있습니다.

종일묵상 창세기 9강

오늘의 기도 아래 기도를 따라 읽으며 성경 공부를 준비해 봅시다.

오늘 이 시간을 통해 세상을 따라 살지 않고 죄가 만연한 시대에도 하나님의 이름을 부르며 믿음으로 살게 하소서.

복습하기 아래 키워드를 보고 지난 시간의 내용을 기억해 보세요.

가인과 아벨의 제사 | 가인의 분노 | 가인의 범죄함

오늘의 내용

1. 가인의 족보
2. 죄의 정점, 라멕
3. 셋의 가문과 여호와의 이름

오늘의 핵심 구절

셋도 아들을 낳고 그의 이름을 에노스라 하였으며 그 때에 사람들이 비로소 여호와의 이름을 불렀더라 (창4:26)

오늘의 본문 창세기 4장 16~26절

16 가인이 여호와 앞을 떠나서 에덴 동쪽 놋 땅에 거주하더니
17 아내와 동침하매 그가 임신하여 에녹을 낳은지라 가인이 성을 쌓고 그의 아들의 이름으로 성을 이름하
여 에녹이라 하니라
18 에녹이 이랏을 낳고 이랏은 므후야엘을 낳고 므후야엘은 므드사엘을 낳고 므드사엘은 라멕을 낳았더라
19 라멕이 두 아내를 맞이하였으니 하나의 이름은 아다요 하나의 이름은 씰라였더라
20 아다는 야발을 낳았으니 그는 장막에 거주하며 가축을 치는 자의 조상이 되었고
21 그의 아우의 이름은 유발이니 그는 수금과 퉁소를 잡는 모든 자의 조상이 되었으며
22 씰라는 두발가인을 낳았으니 그는 구리와 쇠로 여러 가지 기구를 만드는 자요 두발가인의 누이는 나아
마였더라
23 라멕이 아내들에게 이르되 아다와 씰라여 내 목소리를 들으라 라멕의 아내들이여 내 말을 들으라 나의
상처로 말미암아 내가 사람을 죽였고 나의 상함으로 말미암아 소년을 죽였도다
24 가인을 위하여는 벌이 칠 배일진대 라멕을 위하여는 벌이 칠십칠 배이리로다 하였더라
25 아담이 다시 자기 아내와 동침하매 그가 아들을 낳아 그의 이름을 셋이라 하였으니 이는 하나님이 내게
가인이 죽인 아벨 대신에 다른 씨를 주셨다 함이며
26 셋도 아들을 낳고 그의 이름을 에노스라 하였으며 그 때에 사람들이 비로소 여호와의 이름을 불렀더라

9-1 창세기 첫 족보, 가인의 가문

#가인의족보, #라멕, #문명의조상

[4:17] 아내와 동침하매 그가 임신하여
에녹을 낳은지라 가인이 성을 쌓고
그의 아들의 이름으로 성을
이름하여 에녹이라 하니라

가인
에녹
이랏
므후야엘
므드사엘

[18] 에녹이 이랏을 낳고
이랏은 므후야엘을 낳고
므후야엘은 므드사엘을 낳고
므드사엘은 라멕을 낳았더라

[19] 라멕이 두 아내를 맞이하였으니
하나의 이름은 아다요
하나의 이름은 씰라였더라

아다 — 라멕 — 씰라

아다: 야발, 유발

씰라: 두발가인

목축업
먹고사는 문제 해결

예술/오락
유흥을 즐기는 삶

철기와 중공업
기구와 무기로 재산을 지키고 확장

[20] 아다는 야발을 낳았으니 그는 장막에 거주하며 가축을 치는 자의 조상이 되었고
[21] 그의 아우의 이름은 유발이니 그는 수금과 퉁소를 잡는 모든 자의 조상이 되었으며
[22] 씰라는 두발가인을 낳았으니 그는 구리와 쇠로 여러 가지 기구를 만드는 자요 두발가인의 누
이는 나아마였더라

가인의 자손, 세상의 문명을 이루다

창세기에서 족보는 매우 중요한 주제입니다. 그리고 성경은 본격적으로 첫 번째 족보를 소개합니다. 아이러니하게도 그 시작은 하나님을 떠나 죄를 범한 가인의 가문입니다. 창세기 4장 17~19절은 가인에서 시작해 라멕에 이르기까지, 가인의 후손들이 어떻게 가문을 형성해 나갔는지를 보여줍니다. 가인의 후손은 세상적으로 큰 업적을 이룬 자손들이 됩니다. 그 중심에는 라멕이라는 인물이 있습니다. 그는 성경에 기록된 인물 가운데 최초로 두 명의 아내를 둔 사람입니다. 하나님께서 아담과 하와를 창조하실 때 보여주신 한 남자와 한 여자의 결합이라는 창조 질서를 무시하고 스스로 일부다처제의 삶을 선택한 첫 사례입니다. 이 창조 질서의 왜곡은 이후 그의 가문에서 더욱 극단적인 방식으로 확장되어 갑니다.

라멕은 세 명의 아들을 두었습니다. 놀랍게도 이 아들들은 오늘날 우리가 알고 있는 주요 산업 문명의 기초를 세운 인물들입니다. 야발은 가축을 기르는 자로, 목축업의 조상입니다. 그는 생존을 위한 식량과 자원 생산 체계를 정립한 인물입니다. 유발은 수금과 퉁소를 잡는 자로, 음악과 오락, 예술의 조상입니다. 삶에 여유가 생기자 사람들에게 즐거움과 감정을 표현하는 문화를 열어갑니다. 두발가인은 구리와 쇠를 다루는 자로, 도구와 무기를 제작한 기술자이자 산업의 개척자입니다. 철기 문명의 출발점에 선 인물이라 할 수 있습니다. 야발은 생계를 위한 기반을 마련했고, 유발은 삶에 여유와 예술을 더했으며, 두발가인은 그 문명을 지키고 확장할 수 있는 힘을 만들었습니다. 이 세 형제는 각각 경제, 문화, 산업을 이끄는 핵심 축을 이루었습니다.

놀랍게도 이것은 오늘날 우리가 중요하게 여기는 문명의 구조와 매우 닮아 있습니다. 농업을 기초로 하는 기반 산업, 예술과 오락, 그리고 기술과 무기, 이 세 가지는 현대 사회의 중심을 이루는 요소들입니다. 가인의 자손들은 하나님을 떠났지만, 세상적으로는 누구보다도 강력하고 풍요로운 문명을 이룬 사람들이었습니다.

9-2 죄의 정점, 라멕의 특징

#살인, #복수, #죄를자랑

4:23 라멕이 ① 아내들에게 이르되 아다와 씰라여 내 목소리를 들으라 라멕의 아내들이여
내 말을 들으라 ② 나의 상처로 말미암아 내가 사람을 죽였고 ③ 나의 상함으로 말미
암아 소년을 죽였도다 24 가인을 위하여는 벌이 칠 배일진대 ④ 라멕을 위하여는 벌이
칠십칠 배이리로다 하였더라 (창4:23~24)

① 아내들에게 이르되 아다와 씰라여

인류 최초의 일부다처제

② 나의 상처로 말미암아 내가 사람을 죽였고

작은 일도 참지 못하고 살인을 함

③ 나의 상함으로 말미암아 소년을 죽였도다

어리고 힘없는 생명을 빼앗는 무자비한 모습을 자랑하듯 노래함

④ 라멕을 위하여는 벌이 칠십칠 배이리로다

거대한 힘과 세력을 과시하는 복수의 화신

죄의 정점, 라멕

라멕은 성경에서 최초로 두 아내를 취한 인물로 기록됩니다. 하나님께서 아담과 하와를 한 쌍으로 창조하신 것은 한 남자와 한 여자가 맺는 언약적 관계를 통해 하나님의 형상을 드러내려는 의도였지만, 라멕은 이러한 질서를 깨고 자신의 욕망에 따라 일부다처제를 선택합니다. 그는 자신의 두 아내에게 다음과 같이 노래하며 오히려 자신의 죄악을 자랑합니다.

4:23~24 라멕이 아내들에게 이르되 아다와 씰라여 내 목소리를 들으라… 나의 상처로 말미암아 내가 사람을 죽였고 나의 상함으로 말미암아 소년을 죽였도다 가인을 위하여는 벌이 칠 배일진대 라멕을 위하여는 벌이 칠십칠 배이리로다 하였더라

이 노래는 단순한 고백이 아닙니다. 라멕은 자신이 저지른 살인 행위를 자랑스럽게 읊조리며 오히려 그것을 자신의 명예처럼 드러냅니다. 더 나아가 그는 어린 소년을 죽인 일을 아무렇지 않게 이야기하며 죄에 대한 양심의 가책조차 느끼지 않습니다. 그는 하나님께서 자신의 조상인 가인을 위해 주셨던 보호의 말씀을 인용하면서 자신의 보복은 그보다 더 클 것이라고 선언합니다. 하나님께서 '가인을 죽이는 자는 벌을 칠 배나 받으리라'라고 말씀하셨을 때, 그것은 하나님의 자비와 공의의 말씀이었습니다. 그러나 라멕은 이 말씀을 왜곡해 마치 자신이 하나님보다 더 강한 보복의 권한을 가진 것처럼 '라멕을 위하여는 벌이 칠십칠 배'라고 말합니다. 이 말은 곧 자신이 하나님의 위치에 서 있다고 주장하는 것과도 같으며 교만의 정점에 이른 인간의 모습을 보여줍니다.

라멕의 삶은 죄가 인간 내면에서 어떻게 하나님을 대신하여 자기 자신을 높이는 형태로 발전할 수 있는지를 여실히 보여줍니다. 죄가 방치될 때, 그것은 개인의 타락을 넘어서 가정과 사회, 문명의 기초까지도 부패시키며 결국 하나님의 뜻을 거스르는 체계를 세우게 됩니다.

9-3 셋의 가문과 여호와의 이름

#셋의가문 #여호와의이름

4:25 아담이 다시 자기 아내와 동침하매 그가 아들을 낳아 그의 이름을 셋이라 하였으
니 이는 하나님이 내게 가인이 죽인 아벨 대신에 다른 씨를 주셨다 함이며
26 셋도 아들을 낳고 그의 이름을 에노스라 하였으며 그 때에 사람들이 비로소 여호와
의 이름을 불렀더라 (창4:25~26)

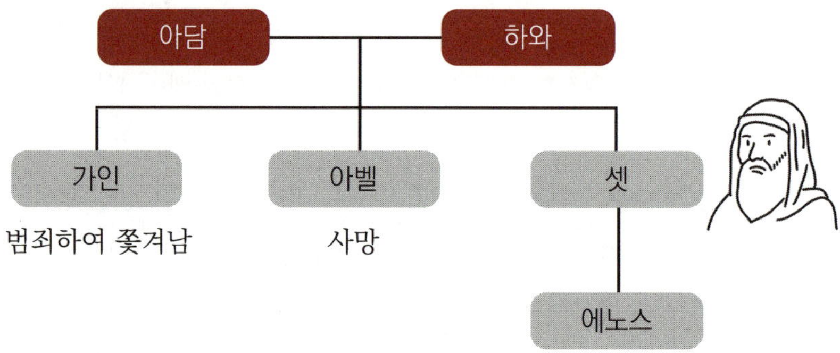

'여호와의 이름을 불렀더라'

하나님을 믿고 하나님의
도움을 구하는 사람
하나님과의 관계가 지속되는
경건한 가문이 이어짐

셋의 가문과 여호와의 이름

아담과 하와는 또 한 명의 아들을 낳습니다. 그들은 그 아들의 이름을 '셋'이라고 지었는데, 성경은 이 이름에 특별한 의미를 부여합니다. 셋은 "하나님께서 아벨을 대신하여 주신 자녀"라는 뜻을 가지고 있습니다.

다시 말해, 셋은 하나님의 섭리 속에서 주어진 '회복의 씨앗'과 같은 존재입니다. 가인에게 죽임을 당한 아벨은 하나님의 뜻을 따르던 경건한 자였고 셋은 그 경건의 계보를 다시 잇기 위해 하나님께서 주신 은혜의 응답인 셈입니다. 셋 또한 장성하여 아들을 낳고 그 이름을 '에노스'라고 지었습니다. 그리고 창세기 4장은 매우 중요한 한 구절로 마무리됩니다.

4:26 셋도 아들을 낳고 그의 이름을 에노스라 하였으며, 그때에 사람들이 비로소 여호와의 이름을 불렀더라

"여호와의 이름을 불렀다"라는 표현은 단순히 기도했다는 의미를 넘어섭니다. 이는 하나님을 경외하며 하나님의 임재를 인정하고 그분의 도우심을 간절히 구하며 살아가는 사람들의 출현을 의미합니다. 죄가 세상 가운데 급속히 퍼져 가는 상황 속에서도 하나님을 찾는 자들이 일어나기 시작했다는 선언은 하나님의 구속사가 인간의 죄보다 크고 깊게 작동하고 있다는 사실을 드러냅니다. 이로써 성경은 인류 역사 가운데 두 갈래의 길을 제시합니다. 하나는 하나님을 떠나 스스로의 힘으로 문명을 건설하며 살아가는 가인의 길이고, 다른 하나는 하나님을 부르고 의지하며 경건하게 살아가는 셋의 길입니다. 셋의 가문은 후에 노아, 아브라함, 다윗, 예수 그리스도로 이어지는 구속의 계보가 됩니다.

다음 5장부터는 바로 이 '여호와의 이름을 부르는' 경건한 자들의 계보, 셋의 족보가 본격적으로 소개됩니다. 하나님께서 죄로 인해 깨어진 인류의 역사를 어떻게 다시 회복하시고 구속의 길로 이끄시는지를 셋의 후손들을 통해 보여주실 것입니다. 하나님의 계획 속에서 다시 시작된 이 믿음의 가문에 주목해 보기 바랍니다.

종일묵상 Talk

다양한 성경 해석이 우리에게 주는 기쁨

아벨의 제물은 하나님께서 받으셨지만, 가인의 제물은 받지 않으셨다는 기록을 앞서 살펴보았습니다. 그렇다면 가인은 어떻게 자신의 제물이 거부되었고 동생의 제물은 받아들여졌다는 사실을 알았을까요? 성경에는 이에 대한 구체적인 설명이 기록되어 있지 않습니다. 하지만 우리는 몇 가지 가능성을 생각해 볼 수 있습니다.

첫째, 당시에는 인간과 하나님이 직접 소통하던 시대였기 때문에, 하나님께서 가인에게 직접 말씀하셨을 가능성이 있습니다. 둘째, 성경에서는 하나님께서 제물을 받으실 때 불로 응답하시는 장면이 종종 등장하는데, 아벨의 제물은 불로 태우셨지만 가인의 제물에는 아무런 변화가 없었을 수도 있습니다. 셋째, 가시적인 형태의 응답이 없더라도 가인은 마음에서 오는 깨달음을 통해 하나님께서 자신의 제사를 받지 않으셨음을 느꼈을 가능성도 있습니다. 반대로 아벨은 제사를 드린 후 하나님의 은혜를 경험하고 감사의 고백을 했을 것입니다.

성경에는 명확한 정답이 정해져 있는 부분들이 있습니다. 말씀 그 자체가 그렇습니다. 그러나 정확하게 기록되어 있지 않거나 다양한 해석이 가능한 부분은 자유롭게 의견을 나눌 수 있습니다. 이것이 바로 종교개혁이 가져온 개신교의 특징이자 성경 공부의 기쁨입니다. 과거에는 교황 한 사람만이 성경을 해석할 수 있으며 그의 해석에는 오류가 없다는 '교황 무오설'이 널리 퍼져 있었습니다. 그러나 성경은 성경을 해석하는 사람에게 권위를 두는 것이 아니라 오직 성경 그 자체에 권위가 있습니다. 또한 하나님께서는 성경을 읽는 모든 사람에게 말씀을 통해 새로운 깨달음을 주십니다.

우리가 함께 성경을 읽고, 해석하고, 나누어야 하는 이유가 바로 여기에 있습니다. 서로 다양한 생각을 나눌 때 성령께서 우리의 이해를 더 깊이 열어 주시고 잘못된 생각을 바로잡아 주시며 서로를 통해 더욱 온전한 하나님의 뜻을 깨닫게 하십니다. 반면, 이단의 가장 큰 특징은 '해석의 일률화'입니다. 다른 모든 사람의 의견을 배제하고 오직 교주 한 사람의 해석과 자신들의 교리만이 정답이라고 주장합니다.

그러나 우리 모두는 하나님의 영을 지닌 존재입니다. 그렇기에 말씀을 읽으며 받은 감동을 자유롭게 나눌 수 있고 또 나누어야만 합니다. 그리고 말씀을 함께 나누는 공동체 안에서 새로운 하나님의 은혜를 깨닫게 되는 놀라운 성령의 지혜를 배우게 될 것입니다.

오늘의 여러분은 어떤 이야기를 나누어 주시겠습니까?

꼭 기억합시다!

① 창세기에 등장하는 첫 족보는 가인의 자손입니다.

② 가인의 자손들은 목축업, 예술과 오락, 철기와 중공업의 조상이 되어 거대한 문명을 이룹니다.

4:20 아다는 야발을 낳았으니 그는 장막에 거주하며 가축을 치는 자의 조상이 되었고
21 그의 아우의 이름은 유발이니 그는 수금과 퉁소를 잡는 모든 자의 조상이 되었으며
22 씰라는 두발가인을 낳았으니 그는 구리와 쇠로 여러 가지 기구를 만드는 자요 두발가인의 누이는 나아
마였더라

③ 가인의 6대손 라멕은 인류 최초로 일부다처제를 택하고, 살인을 자랑스럽게 노래하며 하나님보다 자신의 힘을 과시하는 인물입니다.

4:19 라멕이 두 아내를 맞이하였으니 하나의 이름은 아다요 하나의 이름은 씰라였더라
4:23 라멕이 아내들에게 이르되 아다와 씰라여 내 목소리를 들으라 라멕의 아내들이여 내 말을 들으라 나의
상처로 말미암아 내가 사람을 죽였고 나의 상함으로 말미암아 소년을 죽였도다
24 가인을 위하여는 벌이 칠 배일진대 라멕을 위하여는 벌이 칠십칠 배이리로다 하였더라

④ 아담과 하와가 셋을 낳고 그 아들 에노스의 때에 여호와의 이름을 부르는 사람들이 나오면서 믿음의 가문이 이어집니다.

4:25 아담이 다시 자기 아내와 동침하매 그가 아들을 낳아 그의 이름을 셋이라 하였으니 이는 하나님이 내
게 가인이 죽인 아벨 대신에 다른 씨를 주셨다 함이며
26 셋도 아들을 낳고 그의 이름을 에노스라 하였으며 그 때에 사람들이 비로소 여호와의 이름을 불렀더라

오늘의 나눔

① 세상적인 성공과 업적은 하나님을 대적하는 일일까요? 어떤 경우에 그렇고 어떤 경우에 그렇지 않을까요?

② 학업이나 직장에서의 노력과 성취가 가인의 자손들처럼 되지 않으려면 어떻게 해야 할까요?

③ 나는 가정이나 학교, 일터에서 어떻게 하나님과 교제하고 있나요?

마무리 기도

믿음의 가문을 이루고 신앙의 계보를 잇는 가정을 꿈꾸게 하소서. 생육하고 번성하여 땅에 충만한 하나님의 가정, 하나님 나라의 실현을 구현하는 가정 공동체를 이루게 하옵소서.

Day 10. 셋의 자손들

종일묵상 성경공부 아래 QR 코드에 접속하면 저자 김종일 목사님과 함께 성경 공부를 할 수 있습니다.

종일묵상 창세기 10강

오늘의 기도 아래 기도를 따라 읽으며 성경 공부를 준비해 봅시다.

오늘 이 시간을 통해 나와 나의 가족이 하나님께서 기뻐하시는 믿음의 족보를 이어가는 축복의 통로가 되게 하소서.

복습하기 아래 키워드를 보고 지난 시간의 내용을 기억해 보세요.

창세기 첫 족보 | 문명의 조상 | 셋의 가문

오늘의 내용

1. 셋의 족보
2. 에녹에게 보이신 하나님의 계획
3. 가인의 족보 VS 셋의 족보

오늘의 핵심 구절

에녹이 하나님과 동행하더니 하나님이 그를 데려가시므로 세상에 있지 아니하였더라 (창5:24)

오늘의 본문 창세기 5장 1~32절

1이것은 아담의 계보를 적은 책이니라 하나님이 사
람을 창조하실 때에 하나님의 모양대로 지으시되
2남자와 여자를 창조하셨고 그들이 창조되던 날에
하나님이 그들에게 복을 주시고 그들의 이름을 사
람이라 일컬으셨더라 3아담은 백삼십 세에 자기의
모양 곧 자기의 형상과 같은 아들을 낳아 이름을
셋이라 하였고 4아담은 셋을 낳은 후 팔백 년을 지
내며 자녀들을 낳았으며 5그는 구백삼십 세를 살고
죽었더라 6셋은 백오 세에 에노스를 낳았고 7에노
스를 낳은 후 팔백칠 년을 지내며 자녀들을 낳았으
며 8그는 구백십이 세를 살고 죽었더라 9에노스는
구십 세에 게난을 낳았고 10게난을 낳은 후 팔백십
오 년을 지내며 자녀들을 낳았으며 11그는 구백오
세를 살고 죽었더라 12게난은 칠십 세에 마할랄렐
을 낳았고 13마할랄렐을 낳은 후 팔백사십 년을 지
내며 자녀들을 낳았으며 14그는 구백십 세를 살고
죽었더라 15마할랄렐은 육십오 세에 야렛을 낳았
고 16야렛을 낳은 후 팔백삼십 년을 지내며 자녀를
낳았으며 17그는 팔백구십오 세를 살고 죽었더라
18야렛은 백육십이 세에 에녹을 낳았고 19에녹을 낳
은 후 팔백 년을 지내며 자녀들을 낳았으며 20그는
구백육십이 세를 살고 죽었더라 21에녹은 육십오
세에 므두셀라를 낳았고 22므두셀라를 낳은 후 삼
백 년을 하나님과 동행하며 자녀들을 낳았으며 23
그는 삼백육십오 세를 살았더라 24에녹이 하나님과
동행하더니 하나님이 그를 데려가시므로 세상에
있지 아니하였더라 25므두셀라는 백팔십칠 세에 라
멕을 낳았고 26라멕을 낳은 후 칠백팔십이 년을 지
내며 자녀를 낳았으며 27그는 구백육십구 세를 살
고 죽었더라 28라멕은 백팔십이 세에 아들을 낳고
29이름을 노아라 하여 이르되 여호와께서 땅을 저
주하시므로 수고롭게 일하는 우리를 이 아들이 안
위하리라 하였더라 30라멕은 노아를 낳은 후 오백
구십오 년을 지내며 자녀들을 낳았으며 31그는 칠
백칠십칠 세를 살고 죽었더라 32노아는 오백 세 된
후에 셈과 함과 야벳을 낳았더라

10-1 셋의 족보

#믿음, #하나님과동행, #은혜의가문

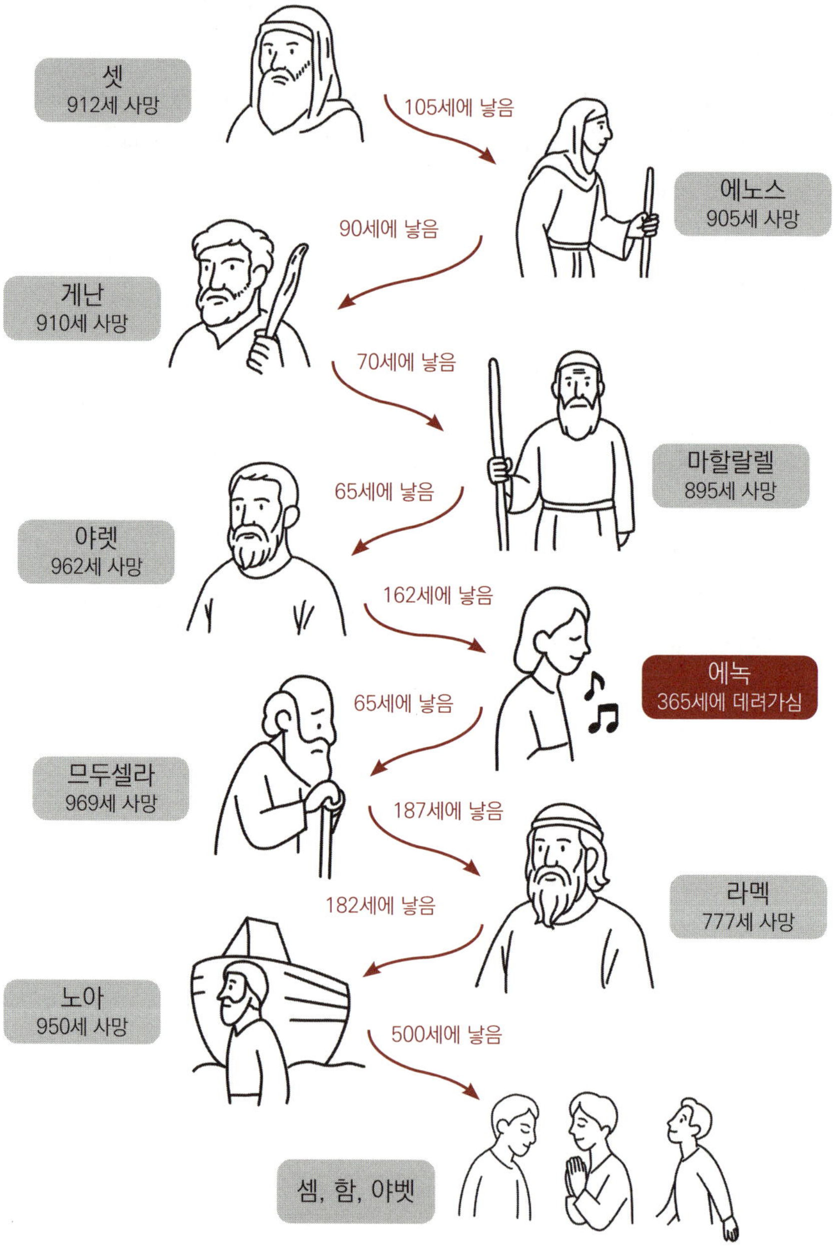

셋의 족보와 가인의 족보

창세기 5장 전체는 아담과 하와의 셋째 아들인 셋의 족보를 소개합니다. 4절 이후부터는 인물만 바뀌면서 동일한 구조가 반복되는데, 예를 들면 다음과 같습니다.

5:6 셋은 백오 세에 에노스를 낳았고 7 에노스를 낳은 후 팔백칠 년을 지내며 자녀들을 낳았으며 8 그는 구백십이 세를 살고 죽었더라

이러한 방식으로 셋의 족보는 노아가 등장할 때까지 계속됩니다. 각 인물에 대해 '몇 세에 자손을 낳고, 이후 몇 년을 더 살며, 결국 몇 세에 죽었다'라는 형태가 반복됩니다. 그렇다면 셋의 족보는 앞서 살펴본 가인의 족보와 비교해 볼 때 어떠한 차이가 있을까요?

가인의 가문은 4장 18절 딱 한 구절로 6대손 라멕까지 단번에 소개됩니다.

4:18 에녹이 이랏을 낳고 이랏은 므후야엘을 낳고 므후야엘은 므드사엘을 낳고 므드사엘은 라멕을 낳았더라

가인 후손들의 기록은 '낳고, 낳고, 낳았다'라는 표현만 반복되며 매우 간결하게 정리됩니다. 반면, 셋 후손의 각 인물은 가인의 가문보다 자세하게 소개되고 있습니다. 세상의 힘과 업적을 기준으로 본다면 사실 더 자세히 소개되어야 할 가문은 가인의 자손들입니다. 이들은 문명의 기틀을 놓고 세상적 기준으로 화려한 업적을 남긴 자손들이기 때문입니다. 하지만 성경은 오히려 셋의 가문에 더욱 집중합니다. 이유가 무엇일까요?

하나님께서는 세상의 관점에서 화려한 성공과 권력을 얻은 자손들에게 관심을 두지 않으십니다. 그보다는 오직 언약의 백성에게 집중하시고 그들의 삶을 세밀하게 계획하시며 동행하십니다. 하나님께서 우리의 인생을 세심히 계획하시고 나의 모든 것을 아시며 동행하신다는 사실은 우리에게 엄청난 축복입니다.

10-2 므두셀라가 969세까지 장수한 이유

#하나님의예언, #므두셀라, #예언의성취

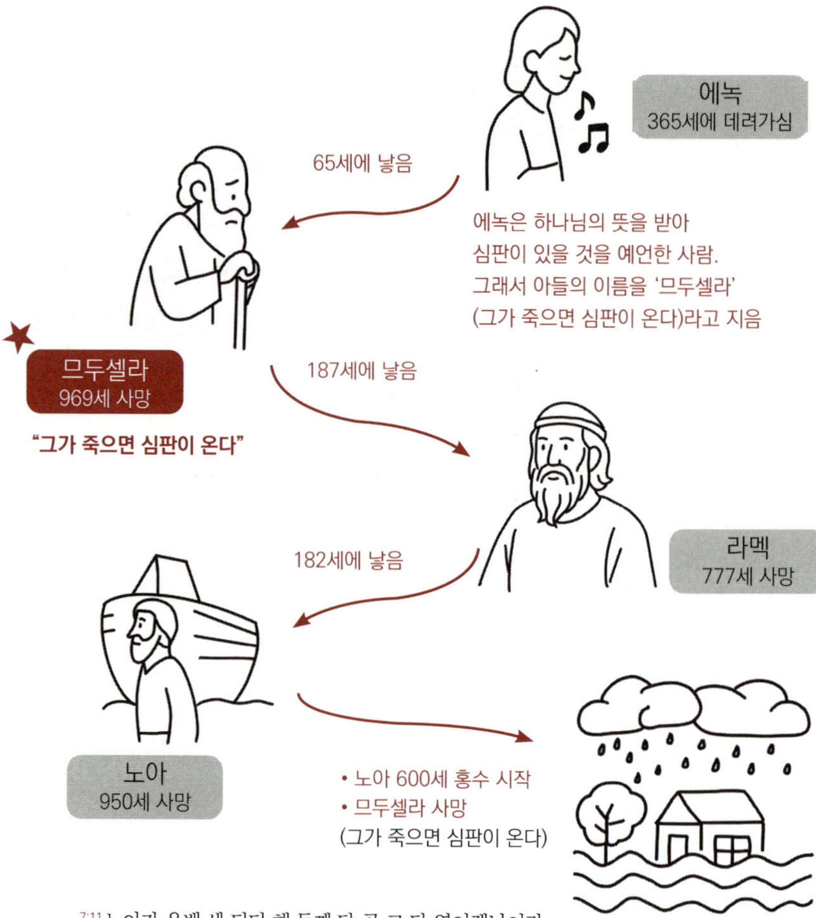

7:11 노아가 육백 세 되던 해 둘째 달 곧 그 달 열이렛날이라
그 날에 큰 깊음의 샘들이 터지며 하늘의 창문들이 열려

- 노아가 태어났을 때, 므두셀라의 나이 : 369세(187+182)
- 홍수가 시작 되었을 때, 노아의 나이 : 600세
- 홍수가 시작 되었을 때, 므두셀라의 나이 : 969세(369+600) 사망

➜ 족보(나이)를 통해 하나님의 예언이 성취됨을 보여줌

하나님과 동행한 에녹

앞서 가인의 자손에서 6대손 라멕을 자세히 살펴 보았듯, 셋의 자손 가운데서도 특별히 더 주목할 인물이 있습니다. 바로 셋의 6대손 에녹입니다. 성경은 에녹을 이렇게 소개합니다.

5:21에녹은 육십오 세에 므두셀라를 낳았고 22므두셀라를 낳은 후 삼백 년을 하나님과 동행
하며 자녀들을 낳았으며 23그는 삼백육십오 세를 살았더라 24에녹이 하나님과 동행하더니
하나님이 그를 데려가시므로 세상에 있지 아니하였더라

에녹에 대한 소개에서 가장 눈에 띄는 점은 바로 그의 죽음에 대한 묘사입니다. 다른 인물들이 모두 '몇 세에 죽었다'로 생애를 마감하는 반면, 에녹은 '하나님과 동행하더니 하나님께서 그를 데려가셔서 세상에 더 이상 존재하지 않았다'라고 기록되어 있습니다. 즉, 죽음으로 생애를 마친 것이 아니라 하나님께서 특별히 그를 데려가셨다는 것입니다. 또 다른 특이점은 그의 나이입니다. 셋의 자손들이 평균 900세 가까이 장수할 때, 에녹은 그들의 약 3분의 1에 불과한 365세의 비교적 젊은 나이에 생애를 마무리합니다. 이는 오늘날 평균 수명이 90세라고 가정했을 때, 30대의 나이에 하나님이 그를 데려가신 것과 같습니다.

하나님께서는 왜 그렇게 하셨을까요? 그것은 바로 하나님의 특별한 계획을 우리에게 보여주시기 위함이었습니다.

하나님의 계획

앞서 살펴본 것처럼, 에녹은 하나님과 동행한 인물로 성경에 소개됩니다. 그는 하나님과 긴밀히 소통하며 하나님의 뜻에 순종한 삶을 살았습니다. 이를 잘 보여주는 예시가 바로 아들 '므두셀라'의 이름입니다. 므두셀라는 '그의 죽음이 심판을 가져온다'라는 뜻으로 그의 죽음과 동시에 하나님의 심판이 임할 것이라는 예언적

의미를 담고 있습니다. 에녹은 아들이 태어날 때 하나님으로부터 심판 계획을 들었고, 그래서 아들의 이름을 '므두셀라'라고 지은 것입니다.

과연 하나님의 계획은 어떻게 이루어졌을까요? 므두셀라는 187세에 라멕을 낳고 라멕은 182세에 노아를 낳습니다. 이때 므두셀라는 369세였습니다. 이후 노아가 600세가 되던 해에 대홍수가 일어났는데, 그해는 바로 므두셀라가 969세로 세상을 떠난 해였습니다. 에녹의 예언과 하나님의 뜻대로 므두셀라가 죽던 해에 인류를 심판하는 대홍수가 임한 것입니다. 족보와 나이를 통해 하나님의 계획이 얼마나 정밀하게 성취되었는지 확인할 수 있습니다.

성경 속 가장 오래 산 인물, 므두셀라

성경에 등장하는 인물 가운데 가장 오래 산 사람은 므두셀라입니다. 그는 아담(930세)보다도 긴 969세를 살았습니다. 왜 하나님께서는 그에게 이토록 긴 수명을 허락하셨을까요? 그 이유는 그의 죽음이 곧 심판의 시작이었기 때문입니다. 인류의 죄악이 극에 달했지만 하나님은 오래 참으시며 심판을 미루셨습니다.

므두셀라가 장수했다는 점은 하나님의 인내와 긍휼을 보여주는 증거입니다. 하나님의 기다리심은 몇 년, 몇십 년이 아니라 수백 년을 넘어섭니다. 하지만 그 긴 기다림에도 불구하고 돌이키지 않는다면 결국 하나님의 심판이 임하게 됩니다. 므두셀라의 생애는 하나님의 오래 참으심과 동시에 반드시 이루어지는 공의의 심판을 함께 보여주는 상징이라 할 수 있습니다.

종일묵상 Talk

얼마나 살 것이냐? 어떻게 살 것이냐?!

사람들은 오래 사는 것에 큰 관심을 둡니다. 최근에는 오래 사는 것뿐만 아니라, 건강하게 오래 사는 것을 추구합니다. 아픈 노년으로 가족에게 부담을 주는 삶보다는 죽을 때까지 건강하게 살다가 생을 마감하는 인생을 기대합니다.

하지만 이런 희망은 내가 살고 싶은 인생을 결정해서 태어나겠다는 말만큼이나 허망한 말입니다. 삶이란 나의 선택이 없는 시작이며 죽음 역시 내가 선택할 수 없는 마지막이기 때문입니다. 그래서 죽음을 미루거나 원하는 방식의 마지막을 위해 애쓰기보다는 지금 나의 삶을 어떻게 살아가는 것이 의미 있는가를 생각하는 것이 현명한 삶입니다. 오래 사는 것보다 삶의 시간이 얼마이든 더 의미 있고 밀도 있게 사는 것이 진정한 축복입니다. 고통 없이 생의 마지막을 맞이하길 기대하기보다는 내 죽음 이후에도 살아갈 후손들을 위해 축복의 메시지를 남길 수 있는 인생으로 하루하루를 채워가는 것이 어른의 모습입니다.

공간과 시간이라는 울타리는 인간뿐만 아니라 창조주께서도 함께하시는 현장입니다. 시공간의 한계 안에 있는 우리와 그것을 초월하시는 하나님께서 직접 참여하고 계시는 곳이 바로 우리의 삶입니다. 그래서 시작과 마지막에 집착하기보다 이 한계 안에서 일하고 계시는 그분께 집중해야 합니다. 왜냐하면 그분은 나의 인생에 깊은 관심을 가지고 계시기 때문입니다. 그리고 한 사람의 인생을 의미 있게 살도록 설계하시며 모든 인류의 삶을 촘촘히 엮어내고 계시기 때문입니다. 하나님의 설계와 창조의 의도 안에서 우리의 인생은 얼마든지 찬란히 빛나는 역할로 쓰임 받을 수 있습니다. 하나님이 사용하시는 놀라운 시대의 도구로 세워질 수 있습니다. 대서사극을 펼치시는 하나님의 등장인물로서 어떤 역할을 감당할 것인지를 기대하십시오.

10-3 가인의 족보 VS 셋의 족보

#족보, #당신의선택은

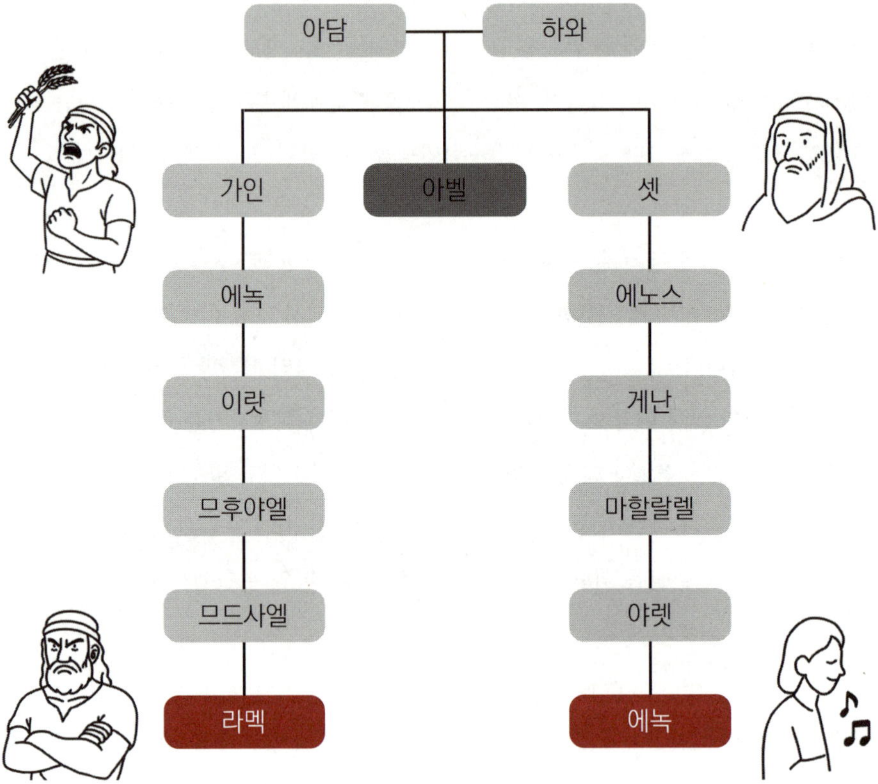

하나님께 대항하는
정점을 보여주는 자

살인을 노래하는 복수의 화신
거대한 힘과 세력을 과시하는
도시 문명의 조상

하나님과 동행하며
심판을 예언하는 자

하나님의 뜻을 자손에게 전함
하나님의 심판과 예언을 전함

가인의 족보 VS 셋의 족보

지금까지 창세기 4장과 5장에 기록된 가인과 셋의 족보를 살펴보았습니다. 이제 이 두 족보에서 특별히 주목할 인물인 라멕과 에녹을 비교하며 창세기 5장을 정리해 보겠습니다.

먼저, 가인의 족보는 가인으로부터 시작해 여섯 번째 세대인 라멕까지 이어집니다. 이 족보는 하나님에 대한 인간의 반항과 죄악이 점점 더 깊어지는 흐름을 보여줍니다. 가인의 가문은 세상적으로는 문명을 발전시키고 도시를 건설하며 힘과 권력을 중심으로 성장했지만, 점점 하나님의 뜻과 멀어지는 길을 선택했습니다.

반면 셋의 족보는 하나님과의 관계를 중심으로 이어지는 가계입니다. 셋에서 시작된 족보는 여섯 번째 세대에 이르러 에녹을 소개하는데, 그는 하나님과 동행하며 전적인 순종의 삶을 살았습니다. 에녹은 죽음을 겪지 않고 하나님께 이끌려 올라간 인물로 믿음의 표본이 됩니다. 이처럼 같은 여섯 세대의 흐름 속에서도 가인의 가문에서는 하나님께 대항하는 라멕이, 셋의 가문에서는 하나님과 동행하는 에녹이 등장합니다. 두 인물의 대비는 곧 두 가문이 걸어온 길을 보여줍니다. 한 가문은 힘과 성공을 좇다 하나님을 떠났고, 다른 가문은 하나님을 따르며 참된 복을 누렸습니다. 이 두 족보는 하나님과의 관계가 우리의 삶을 얼마나 다르게 만들 수 있는지를 극명하게 보여줍니다. 세속적인 성공이 곧 하나님의 인정을 의미하지는 않습니다. 오히려 하나님과의 친밀한 동행이야말로 인생의 참된 복입니다.

여러분은 어떤 가문의 시작이 되고 싶으신가요? 다음 세대에 어떤 유산을 물려주고 싶으신가요? 우리가 반드시 기억해야 할 것은 하나님의 심판은 언젠가 반드시 임한다는 사실입니다. 그리고 아무리 강력하고 위대한 사람일지라도 그 심판을 피할 수는 없습니다. 우리가 걸어갈 길은 분명합니다. 하나님과 동행하는 삶, 그것이 진정 복된 인생입니다.

꼭 기억합시다!

① 세상의 악이 점점 깊어지는 가운데서도 하나님은 셋의 자손을 통해 믿음의 계보를 이어가십니다.

② 에녹은 아들의 이름을 '므두셀라'라고 지으면서 하나님의 심판을 예고합니다. 그는 하나님과 동행하며 살다가 365세에 하나님이 데려가셔서 죽음을 보지 않게 됩니다.

5:21 에녹은 육십오 세에 므두셀라를 낳았고
22 므두셀라를 낳은 후 삼백 년을 하나님과 동행하며 자녀들을 낳았으며
23 그는 삼백육십오 세를 살았더라
24 에녹이 하나님과 동행하더니 하나님이 그를 데려가시므로 세상에 있지 아니하였더라

③ 에녹의 아들 므두셀라의 이름은 '그가 죽으면 심판이 온다'라는 예언적 의미입니다. 실제로 홍수 심판이 시작되는 해 므두셀라는 사망합니다.

5:25 므두셀라는 백팔십칠 세에 라멕을 낳았고
26 라멕을 낳은 후 칠백팔십이 년을 지내며 자녀를 낳았으며
27 그는 구백육십구 세를 살고 죽었더라

④ 므두셀라는 성경 속 인물 중 가장 오래 살았습니다. 이는 끝까지 심판을 미루시는 하나님의 인내와 긍휼을 보여줍니다.

오늘의 나눔

① '하나님과 동행한다'라는 말은 내 일상에서 어떤 의미로 적용되고 있나요?

② 끝까지 기다려주신 하나님의 인내를 경험한 적이 있다면, 그때 나는 어떻게 반응했나요?

③ 하나님과 동행했던 가장 기억에 남는 순간을 떠올릴 수 있나요? 그 경험이 지금의 나에게 어떤 신앙의 기준이 되고 있나요?

마무리 기도

믿음의 세대를 일으키시고 죄악된 세상 속에서도 구원의 때를 준비하신 하나님 아버지, 우리들도 하나님의 뜻을 깨닫고 역사와 시대를 분별할 수 있는 지혜를 주시옵소서.

“

홍수는 심판이면서
동시에 구원의 역사입니다.
우리들의 문명과 기술의 발전은
하나님의 구원 도구로 쓰여야 합니다.

”

Part 08

타락과 심판, 그리고 구원

Day 11. 심판과 의인 노아

종일묵상 성경공부 아래 QR 코드에 접속하면 저자 김종일 목사님과 함께 성경 공부를 할 수 있습니다.

종일묵상 창세기 11강

오늘의 기도 아래 기도를 따라 읽으며 성경 공부를 준비해 봅시다.

오늘 이 시간을 통해 세상의 타락 가운데서도 주님의 선택을 받은 노아처럼 믿음을 지키게 하시고 나와 나의 공동체가 구원의 통로가 되게 하소서.

복습하기 아래 키워드를 보고 지난 시간의 내용을 기억해 보세요.

에녹 | 므두셀라 | 가인 VS 셋

오늘의 내용

1. 죄의 절정
2. 하나님의 심판과 구원의 방주
3. 구원받은 생명

오늘의 핵심 구절

그러나 노아는 여호와께 은혜를 입었더라 (창6:8)

오늘의 본문 창세기 6장 1~22절

1사람이 땅 위에 번성하기 시작할 때에 그들에게서
딸들이 나니 2하나님의 아들들이 사람의 딸들의 아
름다움을 보고 자기들이 좋아하는 모든 여자를 아
내로 삼는지라 3여호와께서 이르시되 나의 영이 영
원히 사람과 함께 하지 아니하리니 이는 그들이 육
신이 됨이라 그러나 그들의 날은 백이십 년이 되리
라 하시니라 4당시에 땅에는 네피림이 있었고 그
후에도 하나님의 아들들이 사람의 딸들에게로 들
어와 자식을 낳았으니 그들은 용사라 고대에 명성
이 있는 사람들이었더라 5여호와께서 사람의 죄악
이 세상에 가득함과 그의 마음으로 생각하는 모든
계획이 항상 악할 뿐임을 보시고 6땅 위에 사람 지
으셨음을 한탄하사 마음에 근심하시고 7이르시되
내가 창조한 사람을 내가 지면에서 쓸어버리되 사
람으로부터 가축과 기는 것과 공중의 새까지 그리
하리니 이는 내가 그것들을 지었음을 한탄함이니
라 하시니라 8그러나 노아는 여호와께 은혜를 입었
더라 9이것이 노아의 족보니라 노아는 의인이요 당
대에 완전한 자라 그는 하나님과 동행하였으며 10세
아들을 낳았으니 셈과 함과 야벳이라 11그 때에 온
땅이 하나님 앞에 부패하여 포악함이 땅에 가득한
지라 12하나님이 보신즉 땅이 부패하였으니 이는 땅
에서 모든 혈육 있는 자의 행위가 부패함이었더라
13하나님이 노아에게 이르시되 모든 혈육 있는 자
의 포악함이 땅에 가득하므로 그 끝 날이 내 앞에
이르렀으니 내가 그들을 땅과 함께 멸하리라 14너
는 고페르 나무로 너를 위하여 방주를 만들되 그
안에 칸들을 막고 역청을 그 안팎에 칠하라 15네가
만들 방주는 이러하니 그 길이는 삼백 규빗, 너비
는 오십 규빗, 높이는 삼십 규빗이라 16거기에 창
을 내되 위에서부터 한 규빗에 내고 그 문은 옆으
로 내고 상 중 하 삼층으로 할지니라 17내가 홍수를
땅에 일으켜 무릇 생명의 기운이 있는 모든 육체를
천하에서 멸절하리니 땅에 있는 것들이 다 죽으리
라 18그러나 너와는 내가 내 언약을 세우리니 너는
네 아들들과 네 아내와 네 며느리들과 함께 그 방
주로 들어가고 19혈육 있는 모든 생물을 너는 각기
암수 한 쌍씩 방주로 이끌어들여 너와 함께 생명을
보존하게 하되 20새가 그 종류대로, 가축이 그 종류
대로, 땅에 기는 모든 것이 그 종류대로 각기 둘씩
네게로 나아오리니 그 생명을 보존하게 하라 21너
는 먹을 모든 양식을 네게로 가져다가 저축하라 이
것이 너와 그들의 먹을 것이 되리라 22노아가 그와
같이 하여 하나님이 자기에게 명하신 대로 다 준행
하였더라

11-1 절정으로 치닫는 인간의 타락과 심판

#하나님의아들들, #세상의딸, #네피림

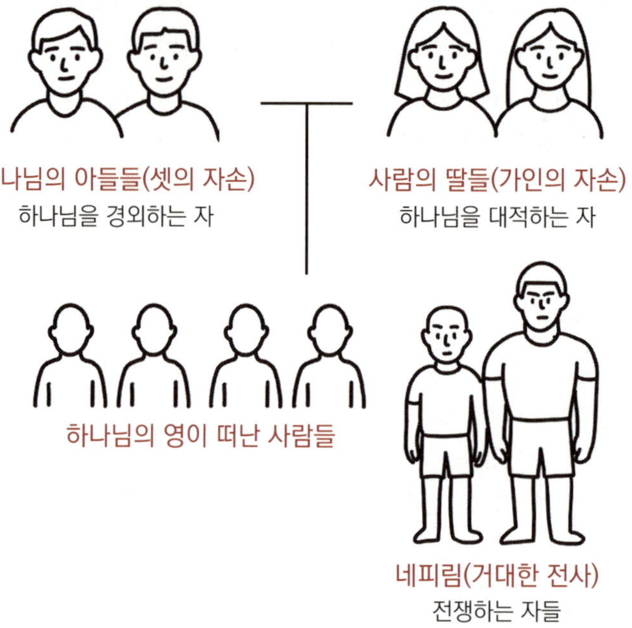

6:1사람이 땅 위에 번성하기 시작할 때에 그들에게서 딸들이 나니 2하나님의 아들들
이 사람의 딸들의 아름다움을 보고 자기들이 좋아하는 모든 여자를 아내로 삼는지라
3여호와께서 이르시되 나의 영이 영원히 사람과 함께 하지 아니하리니 이는 그들이
육신이 됨이라 그러나 그들의 날은 백이십 년이 되리라 하시니라 4당시에 땅에는 네
피림이 있었고 그 후에도 하나님의 아들들이 사람의 딸들에게로 들어와 자식을 낳았
으니 그들은 용사라 고대에 명성이 있는 사람들이었더라 (창6:1~4)

6:5여호와께서 사람의 죄악이 세상에 가득함과 그의 마음으로 생각하는 모든 계획이
항상 악할 뿐임을 보시고 6땅 위에 사람 지으셨음을 한탄하사 마음에 근심하시고 7이
르시되 내가 창조한 사람을 내가 지면에서 쓸어버리되 사람으로부터 가축과 기는 것
과 공중의 새까지 그리하리니 이는 내가 그것들을 지었음을 한탄함이니라 하시니라
(창6:5~7)

절정으로 치닫는 인간의 타락과 심판

창세기 6장은 인간의 타락이 절정에 이른 모습을 보여줍니다. 아담과 하와로부터 시작된 인류는 빠르게 번성했고, 2절에는 '하나님의 아들들'과 '사람의 딸들'이 등장합니다. '하나님의 아들들'에 대한 해석에는 다양한 견해가 있지만, 여기서는 하나님을 경외하는 셋의 자손들로 이해하고자 합니다. 반면 '사람의 딸들'은 하나님 없이 살아가는 가인의 자손들로 볼 수 있습니다. 이 둘 사이의 결혼은 신앙적 혼합과 타락을 불러왔고 점점 더 많은 사람들이 하나님을 떠나게 되었습니다. 이 시대에는 '네피림'이라 불리는 존재들도 등장했는데, 이들은 기골이 장대하고 전쟁에 능한 세상의 용사들이었습니다. 하나님을 떠난 세상, 전쟁과 힘이 지배하는 시대는 하나님 보시기에 결코 선하지 않았습니다.

하나님의 영이 떠나다

3절에서 하나님은 이렇게 말씀하십니다. **"나의 영이 영원히 사람과 함께하지 아니하리니…"** 이는 하나님께서 더 이상 인간과 함께하지 않으시겠다는 선언입니다. 하나님은 죄를 짓는 인간을 참고 기다리시고 회개할 기회를 주셨지만, 이제는 인간의 마음속 계획이 늘 악할 뿐임을 보시고 더는 함께하지 않기로 결정하신 것입니다. 하나님의 영이 함께하지 않는 인간은 존재의 의미를 잃게 됩니다. 결국 하나님은 무서운 심판을 계획하십니다.

하나님의 심판

하나님은 창조 이후 처음으로 한탄하시며 깊이 근심하십니다. "보시기에 좋았더라"라고 하셨던 창조가, 이제는 한탄과 심판의 대상이 되고 말았습니다. 하나님은 인간뿐만 아니라 땅 위의 모든 생명체를 쓸어버리겠다고 선언하십니다. 죄악으로 가득한 세상 속에서 하나님은 죄의 고리를 끊고 세상을 새롭게 하시기 위해 심판을 결정하신 것입니다.

11-2 노아와 구원의 방주

#의인, #하나님과동행, #방주

6:8그러나 노아는 여호와께 은혜를 입었더라 9이것이 노아의 족보니라 노아는 의인이
요 당대에 완전한 자라 그는 하나님과 동행하였으며 (창6:8~9)

6:14너는 고페르 나무로 너를 위하여 방주를 만들되 그 안에 칸들을 막고 역청을 그 안
팎에 칠하라 15네가 만들 방주는 이러하니 그 길이는 삼백 규빗, 너비는 오십 규빗, 높
이는 삼십 규빗이라 16거기에 창을 내되 위에서부터 한 규빗에 내고 그 문은 옆으로
내고 상 중 하 삼층으로 할지니라 (창6:14~16)

길이 : 300규빗(300 × 0.45m) = 135m : 축구장(약 100M)보다 긴 길이

너비 : 50규빗(50 × 0.45m) = 22.5m : 대형 시내버스 2대를 세운 길이

높이 : 30규빗(30 × 0.45m) = 13.5m : 4~5층 건물 높이

*규빗(cubit)은 약 45cm(0.45m), 18인치 *오늘 날의 대형 화물선과 비슷한 사이즈

노아와 구원의 방주

전 인류와 모든 생명을 땅에서 쓸어버린다는 하나님의 심판이 선포되었지만, 그 가운데서도 하나님은 구원의 약속을 이어갈 한 사람, 노아를 선택하셨습니다. 그렇다면 노아는 어떤 사람이었기에 하나님의 선택을 받을 수 있었을까요?

9절 말씀을 보면 "노아는 의인이요 당대에 완전한 자라 그는 하나님과 동행하였으며"라고 기록되어 있습니다. 노아는 모든 사람들이 하나님을 떠나 죄악에 물들어가던 시대에서도 하나님과의 관계를 지키며 믿음을 따라 살았던 유일한 의인이었습니다. 타락한 세상 속에서 구별된 자, 하나님이 찾으신 한 사람이었습니다.

하나님의 명령

하나님은 노아에게 방주를 짓도록 명령하셨습니다. 그런데 그 명령은 막연한 지시가 아니었습니다. 하나님은 방주의 크기, 재료, 층수까지 매우 구체적이고 체계적으로 알려주셨습니다. 그 방주의 규모는 성경의 묘사만 보아도 오늘날 대형 화물선에 맞먹는 크기였고 이는 단순한 구조물이 아닌 하나님의 구원 계획을 담은 거대한 약속의 상징이었습니다. 오늘날에도 대형 화물선을 짓는 데에는 수많은 인력과 기술, 자본이 필요한데 노아의 시대에는 어땠을까요? 노아는 도면 하나 없이 오직 하나님의 말씀만을 의지해 그 일을 감당해야 했습니다. 게다가 당대의 사람들은 노아의 일을 비웃고 조롱했을 것입니다.

성경은 노아가 방주를 만드는 데 약 120년이 걸렸다고 말합니다. 그 오랜 시간 동안 그는 노동과 현실적인 어려움, 외로움과 조롱을 감내했습니다. 그러나 노아는 흔들리지 않았습니다. 왜냐하면 그는 하나님과 동행하는 자였고 하나님의 말씀과 구원의 계획을 신뢰하는 믿음이 있었기 때문입니다. 노아는 이해가 아닌 믿음과 하나님에 대한 신뢰로 방주를 지었습니다. 방주는 단순한 나무 구조물이 아니라, 하나님과 동행한 한 사람의 믿음이 세운 구원의 상징이었습니다. 그리고 하나님은 바로 그 믿음을 통해 새로운 역사의 문을 여셨습니다.

11-3 하나님 나라, 기술이 아니라 믿음입니다

#은혜, #믿음, #구원

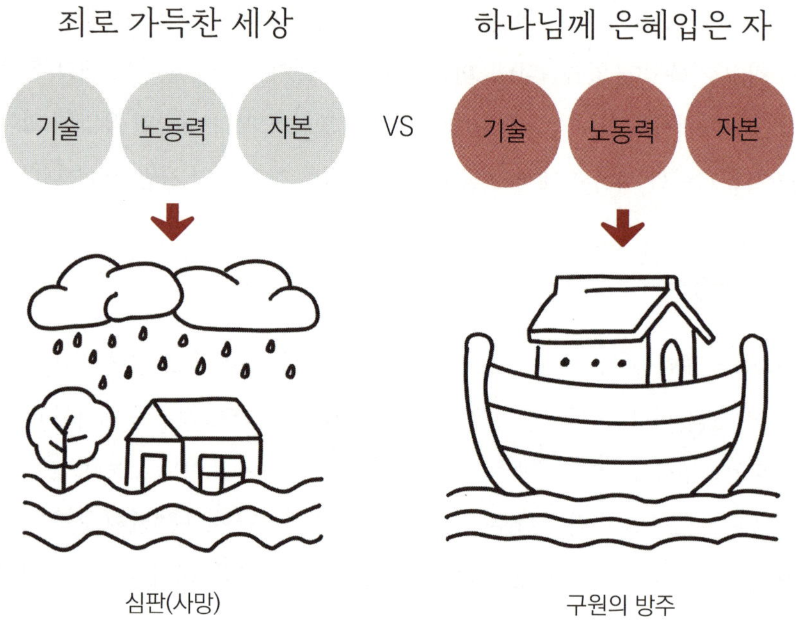

하나님이 택하신 사람

하나님의 심판과 노아의 방주를 통한 구원의 계획 속에서 우리가 깊이 생각해 보아야 할 점이 있습니다. 그 시대에 방주를 짓는 일은 누구에게 더 적합했을까요? 세상의 기준으로 보면 가인의 자손들은 뛰어난 기술력과 노동력, 막대한 자본을 가진 자들이었습니다. 그들은 이미 다양한 산업을 발전시켰고 막강한 기술력과 무기 전쟁을 통한 세력과 자본을 가진 자들이었습니다. 그러나 하나님의 구원의 방주를 짓는 일에는 관심이 없었습니다. 그들은 심판에 대한 경고를 들으려 하지도 않았습니다. 심판의 메시지를 대비한 자는 노아밖에 없었습니다.

이것은 중요한 메시지를 담고 있습니다. 방주는 단순히 자본과 기술로 완성될 수 있는 것이 아니었습니다. 아무리 라멕의 후손들이 문명을 이루었다 해도 하나님의 뜻을 따르지 않는 자들에게는 방주를 지을 믿음도 순종도 없었습니다. 하나님은 능력이나 배경이 아닌, 자신과 동행하며 말씀에 순종하는 자를 택하셨습니다. 방주는 하나님과 동행하는 자를 통해 이루어졌습니다. 노아는 시대의 자원과 기술을 사용했지만, 그를 이끄신 분은 오직 하나님이셨습니다. 하나님의 계획 없이는 방주의 시작도, 과정도, 완성도 있을 수 없었습니다. 방주는 인간의 손으로 지어졌지만, 그 바탕에는 하나님의 은혜와 인도하심이 있었습니다.

우리의 일과 하나님의 은혜

오늘날 우리는 다양한 문명의 혜택을 누리며 수많은 기술과 자원을 바탕으로 성과를 이룹니다. 노아도 마찬가지였습니다. 그는 그 시대의 자원과 방법을 사용해 방주를 만들었고 하나님과의 동행 속에서 그것을 성취했습니다. 그러므로 우리 역시 이 시대의 자원과 기술을 믿음 안에서 적극적으로 활용해야 하며 동시에 실력도 갖추어야 합니다. 아무리 하나님의 명령이 주어져도 준비되지 않은 사람은 그 사명을 감당할 수 없습니다. 그리고 노아처럼 긴 시간의 헌신과 성실함도 필요합니다. 노아가 120년이라는 시간을 들여 방주를 지었던 것처럼, 우리도 각자의 자리에서 맡겨진 일에 끝까지 충성해야 합니다. 단순히 기도만 한다고 해서 마법처럼 결과가 나타나는 것이 아닙니다. 은혜 위에 순종이 쌓일 때, 하나님의 뜻은 이루어집니다. 크리스천으로서 우리가 일터에서 구해야 할 것은 하나님의 은혜와 그 은혜에 대한 순종입니다. 하나님께 은혜를 입은 자는 하나님의 계획을 보고 그 뜻을 실현하는 지혜와 방법을 얻게 됩니다. 그리고 하나님의 계획 안에 있다는 확신이 있는 자만이 어떤 고난 속에서도 흔들리지 않고 끝까지 순종하며 사명을 완수할 수 있습니다.

이것이 하나님께서 일하시는 방식입니다. 방주는 단순한 건축물이 아니라, 하나님의 은혜와 인간의 순종이 함께 이루어 낸 구원의 작품입니다.

궁금해요

노아의 방주 흔적이 발견됐다고?

Q. 노아의 방주를 찾으려는 시도가 있었나요?

A. 성경 속 노아의 방주 이야기는 수 세기 동안 많은 이들의 상상력을 자극해 왔습니다. 이 이야기는 기독교인뿐만 아니라 모든 인류의 호기심을 불러일으키는 소재이기도 했죠. 특히, 터키의 아라랏 산은 성경에서 방주의 최종 안착지로 알려져 있으며 이곳에서 방주의 흔적을 찾으려는 다양한 탐사가 이루어져 왔습니다.

① 13세기, 탐험가 마르코 폴로는 그의 여행기에서 아라랏 산을 언급하며 노아의 방주에 대한 궁금증을 불러일으켰습니다.
② 1876년, 영국의 제임스 브라이스 경은 아라랏 산에서 손으로 가공된 것으로 보이는 나무 조각을 발견했다고 보고했습니다. 이는 방주의 잔해일 가능성이 있다는 주장을 불러일으켰지만 과학적, 고고학적으로 입증되지는 못했습니다.
③ 1916년, 러시아 군사 탐험대는 아라랏 산에서 방주로 추정되는 구조물을 발견했다고 주장했습니다. 하지만 이 역시 구체적인 공식 기록이나 자료가 남아 있지 않아 역사적 증거로서는 한계가 있습니다.
④ 1959년, 터키 공군 조종사는 아라랏 산 위에서 배 모양의 거대한 형상을 촬영하며 다시 한번 학계의 관심을 집중시켰습니다. 그러나 이 형상이 자연적인 지질의 구조인지 방주의 흔적인지는 여전히 결론이 나지 못했습니다.
⑤ 1977년, 미국의 탐사팀이 현장을 조사하던 중 땅 속에 묻힌 거대한 나무 구조물을 발견했고 이 나무의 연대가 약 4,800년 전으로 측정되었다고 주장하기도 했습니다. 물론 이 역시도 공신력 있는 기관의 검증을 거치지는 못했습니다.

이후 현재까지도 노아의 방주 흔적을 찾기 위한 탐사와 연구는 끊임없이 이어지고 있습니다. 만약 확실한 근거를 가진 노아의 방주 흔적이 발견된다면 더 많은 사람이 성경의 역사성을 믿고 더욱 굳건한 신앙을 가지게 될까요? 하지만 안타깝게도 아무리 근거가 나와도 보지 못하는 자는 보지 못하고, 믿지 못하는 자는 믿지 못합니다. 우리의 신앙에 있어 중요한 것은 '과학적 근거'를 찾는 일이 아니라 '보지 않고도 믿는 믿음'을 지키는 것입니다.

예수께서 이르시되 너는 나를 본 고로 믿느냐
보지 못하고 믿는 자들은 복되도다 하시니라
(요한복음 20장 29절)

꼭 기억합시다!

① 하나님의 아들들이 사람의 딸들과 결혼함으로 하나님의 영이 떠나고, 네피림 같은 전쟁을 일삼는 자들이 등장하면서 인간의 죄악은 절정에 이릅니다.

6:2 하나님의 아들들이 사람의 딸들의 아름다움을 보고 자기들이 좋아하는 모든 여자를 아내로 삼는지라
3 여호와께서 이르시되 나의 영이 영원히 사람과 함께 하지 아니하리니 이는 그들이 육신이 됨이라 그러나
그들의 날은 백이십 년이 되리라 하시니라
4 당시에 땅에는 네피림이 있었고 그 후에도 하나님의 아들들이 사람의 딸들에게로 들어와 자식을 낳았으
니 그들은 용사라 고대에 명성이 있는 사람들이었더라

② 하나님은 사람을 지으셨음을 한탄하시며 심판을 계획하십니다. 심판 전 하나님은 그 시대의 완전한 자, 의인 노아를 부르시고 방주 건설을 명령하십니다.

6:7 이르시되 내가 창조한 사람을 내가 지면에서 쓸어버리되 사람으로부터 가축과 기는 것과 공중의 새까지
그리하리니 이는 내가 그것들을 지었음을 한탄함이니라 하시니라
8 그러나 노아는 여호와께 은혜를 입었더라
9 이것이 노아의 족보니라 노아는 의인이요 당대에 완전한 자라 그는 하나님과 동행하였으며
6:14 너는 고페르 나무로 너를 위하여 방주를 만들되 그 안에 칸들을 막고 역청을 그 안팎에 칠하라

③ 당시 세상에는 라멕의 후손들로부터 시작된 많은 자본과 노동력, 기술이 있었지만, 구원의 방주를 짓는 일은 오직 하나님께 은혜를 입은 노아에게만 허락되었습니다.

④ 노아는 믿음으로 하나님의 말씀에 순종하여 방주를 건설하고 구원의 계획에 동참합니다.

6:22 노아가 그와 같이 하여 하나님이 자기에게 명하신 대로 다 준행하였더라

오늘의 나눔

① 노아처럼 죄가 가득한 세상 속에서 나 혼자라도 말씀을 따르려 애쓴 경험이 있나요? 그때의 외로움과 확신은 어땠나요?

② 위기 속에서 세상 방법이 아닌 하나님의 방법을 신뢰하며 승리한 적이 있나요?

③ 노아는 오랜 시간 방주를 지으며 하나님의 계획을 따라갔습니다. 나는 순종이 길어질수록 지치지는 않나요? 어떻게 그 믿음을 이어가고 있나요?

마무리 기도

나에게 허락하신 은사와 재능 그리고 기회를 통해 하나님의 구원의 도구를 만들 수 있기를 소원합니다. 타락과 죄악의 도구가 아니라 생명을 구하는 하나님의 선한 일에 쓰임 받는 인생이 되게 하소서.

Day 12. 심판과 구원

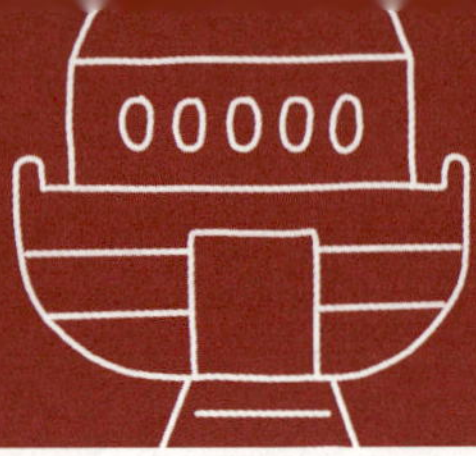

종일묵상 성경공부 아래 QR 코드에 접속하면 저자 김종일 목사님과 함께 성경 공부를 할 수 있습니다.

종일묵상 창세기 12강

오늘의 기도 아래 기도를 따라 읽으며 성경 공부를 준비해 봅시다.

오늘 이 시간을 통해 심판 가운데서도 우리를 기억하사 긍휼과 은혜를 베푸시는 주님께 감사드리며 하나님께 영광 돌리는 삶을 살아가게 하소서.

복습하기 아래 키워드를 보고 지난 시간의 내용을 기억해 보세요.

하나님의 한탄 | 노아 | 심판과 방주

오늘의 내용

1. 바람을 땅 위에 불게 하시매 물이 줄어들고
2. 홍수 심판의 기간
3. 홍수 이후의 세상

오늘의 핵심 구절

여호와께서 그 향기를 받으시고 그 중심에 이르시되 내가 다시는 사람으로 말미암아 땅을 저주하지 아니하리니 이는 사람의 마음이 계획하는 바가 어려서부터 악함이라 내가 전에 행한 것 같이 모든 생물을 다시 멸하지 아니하리니 (창8:21)

오늘의 본문 ① 창세기 7장 1~24절

1여호와께서 노아에게 이르시되 너와 네 온 집은
방주로 들어가라 이 세대에서 네가 내 앞에 의로움
을 내가 보았음이니라 2너는 모든 정결한 짐승은
암수 일곱씩, 부정한 것은 암수 둘씩을 네게로 데
려오며 3공중의 새도 암수 일곱씩을 데려와 그 씨
를 온 지면에 유전하게 하라 4지금부터 칠 일이면
내가 사십 주야를 땅에 비를 내려 내가 지은 모든
생물을 지면에서 쓸어버리리라 5노아가 여호와께
서 자기에게 명하신 대로 다 준행하였더라 6홍수가
땅에 있을 때에 노아가 육백 세라 7노아는 아들들
과 아내와 며느리들과 함께 홍수를 피하여 방주에
들어갔고 8정결한 짐승과 부정한 짐승과 새와 땅
에 기는 모든 것은 9하나님이 노아에게 명하신 대
로 암수 둘씩 노아에게 나아와 방주로 들어갔으며
10칠 일 후에 홍수가 땅에 덮이니 11노아가 육백 세
되던 해 둘째 달 곧 그 달 열이렛날이라 그 날에 큰
깊음의 샘들이 터지며 하늘의 창문들이 열려 12사
십 주야를 비가 땅에 쏟아졌더라 13곧 그 날에 노아
와 그의 아들 셈, 함, 야벳과 노아의 아내와 세 며
느리가 다 방주로 들어갔고 14그들과 모든 들짐승
이 그 종류대로, 모든 가축이 그 종류대로, 땅에 기
는 모든 것이 그 종류대로, 모든 새가 그 종류대로
15무릇 생명의 기운이 있는 육체가 둘씩 노아에게
나아와 방주로 들어갔으니 16들어간 것들은 모든
것의 암수라 하나님이 그에게 명하신 대로 들어가
매 여호와께서 그를 들여보내고 문을 닫으시니라
17홍수가 땅에 사십 일 동안 계속된지라 물이 많아
져 방주가 땅에서 떠올랐고 18물이 더 많아져 땅에
넘치매 방주가 물 위에 떠 다녔으며 19물이 땅에 더
욱 넘치매 천하의 높은 산이 다 잠겼더니 20물이 불
어서 십오 규빗이나 오르니 산들이 잠긴지라 21땅
위에 움직이는 생물이 다 죽었으니 곧 새와 가축과
들짐승과 땅에 기는 모든 것과 모든 사람이라 22육
지에 있어 그 코에 생명의 기운의 숨이 있는 것은
다 죽었더라 23지면의 모든 생물을 쓸어버리시니
곧 사람과 가축과 기는 것과 공중의 새까지라 이들
은 땅에서 쓸어버림을 당하였으되 오직 노아와 그
와 함께 방주에 있던 자들만 남았더라 24물이 백오
십 일을 땅에 넘쳤더라

12-1 대홍수와 구원받은 피조물들

#홍수, #방주, #심판

7:13곧 그 날에 노아와 그의 아들 셈, 함, 야벳과 노
아의 아내와 세 며느리가 다 방주로 들어갔고
14그들과 모든 들짐승이 그 종류대로, 모든 가축
이 그 종류대로, 땅에 기는 모든 것이 그 종류대
로, 모든 새가 그 종류대로 15무릇 생명의 기운이
있는 육체가 둘씩 노아에게 나아와 방주로 들어
갔으니 (창7:13~15)

7:9하나님이 노아에게 명하신 대로 암수 둘씩 노
아에게 나아와 방주로 들어갔으며 10칠 일 후
에 홍수가 땅에 덮이니 11노아가 육백 세 되던
해 둘째 달 곧 그 달 열이렛날이라 그 날에 큰 깊
음의 샘들이 터지며 하늘의 창문들이 열려 12사
십 주야를 비가 땅에 쏟아졌더라 (창7:9~12)

"큰 깊음의 샘들이 터지며 하늘의 창문들이 열려"

↓

비가 많이 오는 폭우를 넘어 해저 지각이 갈라지면서 거대한 물이 땅에서 분출되고, 하늘에서는 지구의 대기를 형성하는 수증기층이 붕괴하여 어마어마한 양의 물이 쏟아져 내렸을 것이라는 추측. 일각에서는 이 같은 현상을 가능하게 하는 엄청난 화산 폭발이 있었을 거라는 시각도 있음. 중요한 것은 비가 많이 내린 것뿐만 아니라 과학으로 설명하기 어려운 초자연적인 현상이 40일간 있었다는 것임.

구원받은 생명과 심판의 홍수

창세기 7장은 노아가 방주를 완성하고 구원받은 생명들이 방주에 오르는 장면과 함께 드디어 시작되는 하나님의 심판, 대홍수의 모습을 그리고 있습니다. 하나님께서는 구원하실 인간과 생명들을 구체적으로 노아에게 지시하십니다. 이는 홍수 이후에도 생명이 이어지고 인류가 다시 시작될 수 있도록 하나님께서 계획하신 것입니다. 노아는 하나님께서 명령하신 대로 정확한 수의 동물들을 종류별로 방주에 태웁니다. 이 과정만 보아도 이 시점까지 인간이 모든 생물을 다스리는 존재였음을 알 수 있습니다. 하나님께서는 노아에게 앞으로 사십 주야, 곧 40일 동안 밤낮없이 내릴 비에 대해 말씀하십니다. 그런데 성경은 이 홍수가 단순한 폭우가 아니었다는 점을 강조합니다.

7:11 …그 날에 큰 깊음의 샘들이 터지며, 하늘의 창문들이 열려

11절 말씀에서 우리는 대홍수가 하늘에서 내리는 비만으로 이루어진 것이 아님을 알 수 있습니다. 지하의 거대한 수압이 폭발적으로 분출되고 하늘 위 궁창의 수증기층이 붕괴하면서 땅과 하늘이 동시에 열리는 초자연적인 심판이 벌어진 것입니다. 일부 학자들은 이 같은 자연현상이 대규모 화산 폭발이나 지각판의 붕괴로 인해 가능했을 것이라 보기도 합니다. 여기서 성경이 강조하는 바는 이 모든 것이 하나님의 의도된 심판이었다는 점입니다. 대홍수는 우연이나 자연재해가 아니라, 타락한 세상을 향한 하나님의 단호한 심판이었습니다.

7:22 육지에 있어 그 코에 생명의 기운의 숨이 있는 것은 다 죽었더라

하나님은 방주에 오른 생명을 제외하고 이 땅의 모든 인간과 동물을 쓸어버리셨습니다. 이것은 하나님의 경고가 결코 빈말이 아니며 심판의 기준이 공의롭고 분명하다는 사실을 보여줍니다. 회개의 기회가 오랜 시간 주어졌지만 주님께 돌아오지 않은 인류는 결국 처절한 심판의 홍수 앞에서 멸망할 수밖에 없었습니다.

궁금해요

방주에 들어간 동물은 2쌍인가요? 7쌍인가요?

Q. 창세기 7장 2~3절을 보면 정결한 짐승은 7쌍, 부정한 짐승은 2쌍씩 방주로 들어갑니다. 무슨 이유일까요?

A. 창세기 7장에는 방주에 들어간 짐승의 구체적인 숫자가 나와 있습니다.

7:2 너는 모든 정결한 짐승은 암수 일곱씩, 부정한 것은 암수 둘씩을 네게로 데려오며
3 공중의 새도 암수 일곱씩을 데려와 그 씨를 온 지면에 유전하게 하라

하지만 성경을 조금 더 읽다 보면 다음과 같은 구절이 등장해 방주에 들어간 짐승의 숫자에 혼란이 옵니다.

7:8 정결한 짐승과 부정한 짐승과 새와 땅에 기는 모든 것은 9 하나님이 노아에게 명하신 대로 암
수 둘씩 노아에게 나아와 방주로 들어갔으며

여기에서 '암수 둘씩'이라는 표현은 짐승들이 두 마리만 태워졌다는 의미라기보다 짝을 이루어 방주에 들어가는 모습을 묘사한 것입니다. 따라서 실제로 방주에 태워진 짐승의 숫자는 앞서 2~3절에서 설명한 대로 이해하는 것이 맞습니다. 그렇다면 왜 정결한 짐승과 공중의 새는 7쌍이나 태워졌을까요? 이에 대한 이유는 성경에서 찾아볼 수 있습니다.

8:20 노아가 여호와께 제단을 쌓고, 모든 정결한 짐승과 모든 정결한 새 중에서 제물을 취하여 번제로 제단에 드렸더니

정결한 짐승과 새는 방주에서 나온 후 제사를 드릴 때 제물로 사용되었습니다. 만약 한 쌍만 태웠다면 제물로 바치는 순간 그 종은 지상에서 사라지게 되었을 것입니다. 그래서 하나님께서는 정결한 짐승과 새는 더 많이 방주에 태우신 것입니다. 하나님의 명령에는 언제나 이유가 있습니다. 그분은 모든 상황을 아시고 우리의 필요를 미리 아시는 분이시기 때문입니다.

오늘의 본문 ② 창세기 8장 1~22절

1하나님이 노아와 그와 함께 방주에 있는 모든 들
짐승과 가축을 기억하사 하나님이 바람을 땅 위에
불게 하시매 물이 줄어들었고 2깊음의 샘과 하늘의
창문이 닫히고 하늘에서 비가 그치매 3물이 땅에서
물러가고 점점 물러가서 백오십 일 후에 줄어들고
4일곱째 달 곧 그 달 열이렛날에 방주가 아라랏 산
에 머물렀으며 5물이 점점 줄어들어 열째 달 곧 그
달 초하룻날에 산들의 봉우리가 보였더라 6사십 일
을 지나서 노아가 그 방주에 낸 창문을 열고 7까마
귀를 내놓으매 까마귀가 물이 땅에서 마르기까지
날아 왕래하였더라 8그가 또 비둘기를 내놓아 지면
에서 물이 줄어들었는지를 알고자 하매 9온 지면에
물이 있으므로 비둘기가 발 붙일 곳을 찾지 못하고
방주로 돌아와 그에게로 오는지라 그가 손을 내밀
어 방주 안 자기에게로 받아들이고 10또 칠 일을 기
다려 다시 비둘기를 방주에서 내놓으매 11저녁때에
비둘기가 그에게로 돌아왔는데 그 입에 감람나무
새 잎사귀가 있는지라 이에 노아가 땅에 물이 줄어
든 줄을 알았으며 12또 칠 일을 기다려 비둘기를 내
놓으매 다시는 그에게로 돌아오지 아니하였더라 13
육백일 년 첫째 달 곧 그 달 초하룻날에 땅 위에서
물이 걷힌지라 노아가 방주 뚜껑을 제치고 본즉 지
면에서 물이 걷혔더니 14둘째 달 스무이렛날에 땅
이 말랐더라 15하나님이 노아에게 말씀하여 이르시
되 16너는 네 아내와 네 아들들과 네 며느리들과 함
께 방주에서 나오고 17너와 함께 한 모든 혈육 있는
생물 곧 새와 가축과 땅에 기는 모든 것을 다 이끌
어내라 이것들이 땅에서 생육하고 땅에서 번성하
리라 하시매 18노아가 그 아들들과 그의 아내와 그
며느리들과 함께 나왔고 19땅 위의 동물 곧 모든 짐
승과 모든 기는 것과 모든 새도 그 종류대로 방주
에서 나왔더라 20노아가 여호와께 제단을 쌓고 모
든 정결한 짐승과 모든 정결한 새 중에서 제물을
취하여 번제로 제단에 드렸더니 21여호와께서 그
향기를 받으시고 그 중심에 이르시되 내가 다시는
사람으로 말미암아 땅을 저주하지 아니하리니 이
는 사람의 마음이 계획하는 바가 어려서부터 악함
이라 내가 전에 행한 것 같이 모든 생물을 다시 멸
하지 아니하리니 22땅이 있을 동안에는 심음과 거
둠과 추위와 더위와 여름과 겨울과 낮과 밤이 쉬지
아니하리라

12-2 바람을 땅 위에 불게 하시매 물이 줄어들고

#바람, #은혜, #구원

하나님은 수천 년 전부터 오늘날의 우리에게까지 동일한 구원의 은혜를 베푸십니다.

하나님이 노아와 그와 함께 방주에 있는 모든 들짐승과 가축을 기억하사 하나님이 바람을 땅 위에 불게 하시매 물이 줄어들었고 (창8:1)

모세가 바다 위로 손을 내밀매 여호와께서 큰 동풍이 밤새도록 바닷물을 물러가게 하시니 물이 갈라져 바다가 마른 땅이 된지라 (출14:21)

바람을 땅 위에 불게 하시매 물이 줄어들고

창세기 8장은 홍수가 잦아드는 장면으로 시작됩니다. 성경은 이를 이렇게 기록합니다.

8:1 …하나님이 바람을 땅 위에 불게 하시매 물이 줄어들었고

이 짧은 구절은 단순한 자연 현상을 넘어, 하나님의 구원 손길이 다시 시작되었음을 알리는 신호입니다. 이 말씀을 통해, 우리는 다시 한 번 창세기의 기록이 누구에게 어떤 맥락에서 전해졌는지를 되짚어볼 수 있습니다.

창세기는 출애굽 이후 광야를 지나던 이스라엘 백성에게 모세가 전한 이야기라는 것을 기억하시나요? 이는 단지 과거의 사건을 전하기 위함이 아니라, 하나님이 어떤 분이신지, 그분이 자신들의 민족과 어떤 관계를 맺고 계신지를 알리기 위한 말씀이었습니다. 이스라엘 백성은 노아의 홍수 이야기를 들으며 자연스럽게 자신들이 홍해에서 구원받은 장면을 떠올렸을 것입니다. 노아의 시대에 하나님이 바람을 불게 하셔서 물이 줄어들게 하신 것처럼, 홍해 앞에서도 하나님은 밤새 동풍을 불게 하사 물을 가르시고 이스라엘을 건지셨습니다.

그 순간, 이스라엘 백성은 먼 과거의 인류 역시 같은 하나님, 같은 방식의 구원을 경험했음을 깨달았을 것입니다. 이 깨달음은 하나님의 신실하심과 변함없는 사랑에 대한 신뢰를 더욱 깊게 하며 광야에서의 불확실한 여정 속에서도 하나님을 의지할 수 있게 만들었을 것입니다.

변함없는 구원의 은혜

성경 곳곳에는 하나님께서 '물에서 건져내신 사건'들을 통해 구원의 은혜를 베푸신 장면이 반복해서 등장합니다. 창세기의 말씀을 전하고 있는 모세 자신 또한 나일강에 버려져 죽을 운명이었으나 하나님께서 그를 건져내시고 이스라엘의 지도자로 세우신 인물입니다. 신약으로 가면 물 위를 걷던 베드로가 물에 빠질 때 예수님께서 손을 내밀어 건져내신 장면에서도 동일한 구원의 은혜를 발견할 수 있습니다. 오늘날 우리의 삶은 어떨까요? 우리는 세례를 통해 '죽음에서 생명으로' 건져내신 하나님의 은혜를 경험합니다. 원래 세례는 강물 속에 완전히 잠겼다가 다시 일으켜지는 방식으로 진행되었고 그 과정 자체가 죽음과 부활, 심판과 구원의 상징이었습니다.

지금은 다양한 방식으로 세례가 진행되지만, 그 의미는 변하지 않았습니다. 수천 년 전 노아의 시대부터 지금 이 순간에 이르기까지 하나님은 한결같은 은혜로 사람들을 건져내고 계십니다. 하나님은 여전히 우리의 삶을 공포로 떨게 하는 큰 물들을 바람으로 불어 줄어들게 하시고 건져내는 분이십니다.

12-3 홍수는 얼마 만에 끝났을까?

#150일, #1년

홍수로 덮였던 기간 : 약 150일

노아가 육백 세 되던 해 둘째 달 곧 그 달 열이렛날이라 그 날에 큰 깊음의 샘들이 터지며 하늘의 창문들이 열려 (창7:11)
사십 주야를 비가 땅에 쏟아졌더라 (창7:12)
물이 백오십 일을 땅에 넘쳤더라 (창7:24)

방주가 아라랏 산에 머문 날 : 홍수 시작 후, 5개월째 되는 시점

일곱째 달 곧 그 달 열이렛날에 방주가 아라랏 산에 머물렀으며 (창8:4)

물이 점점 줄어듦 : 홍수 시작 후, 8개월째 되는 시점

물이 점점 줄어들어 열째 달 곧 그 달 초하룻날에 산들의 봉우리가 보였더라 (창8:5)

땅이 마른 시점 : 홍수 시작 후, 약 1년

육백일 년 첫째 달 곧 그 달 초하룻날에 땅 위에서 물이 걷힌지라 (창8:13)
둘째 달 스무이렛날에 땅이 말랐더라 (창8:14)

40일 동안 비가 내리고 끝난 것이 아니라,

홍수가 시작되어 땅이 마르는 데까지 약 1년의 시간이 넘게 걸릴 만큼의

엄청난 재난의 역사

심판의 시간

드디어 홍수가 잦아들고 땅이 드러나는 장면이 창세기 8장에서 펼쳐집니다. 노아는 물이 얼마나 줄었는지를 확인하기 위해 여러 차례 새를 날려 보냅니다. 몇 번의 시도 후 날아갔던 비둘기가 감람나무(올리브) 잎사귀를 물고 돌아오자 땅에서 물이 줄어든 것을 알았습니다. 일주일이 지난 후 다시 날려 보낸 비둘기가 돌아오지 않자, 노아는 방주의 뚜껑을 열어 땅 위의 물이 걷혔음을 확인합니다.

그렇다면 이 심판의 홍수는 얼마나 오랫동안 지속되었을까요? 노아는 방주 안에서 얼마나 긴 시간을 견뎌야 했을까요? 성경의 여러 구절을 통해 이 대홍수의 기간을 짐작할 수 있습니다.

홍수가 시작되고 땅이 완전히 잠긴 기간은 약 150일, 즉 5개월 정도 되는 시간이었습니다. 5개월째 지난 달, 곧 7월에 방주는 마침내 아라랏 산에 머물게 됩니다. 이어서 8개월이 흐른 10월부터 물이 점차 줄어들기 시작해 잠겼던 산봉우리가 다시 드러나기 시작합니다. 그리고 노아가 601세가 되던 해의 첫째 달에 땅의 물이 걷혔고, 둘째 달에 땅이 마르며 대홍수는 마침내 끝이 납니다.

즉, 노아가 600세 되던 해에 시작된 홍수는 땅이 마르고 그가 방주에서 나오기까지 약 1년 동안 지속되었습니다. 이 기간은 단순한 자연재해가 아니라 인류 역사에 잊혀질 수 없는 철저한 심판이자 전면적인 재설정의 시간이었습니다. 이 대홍수는 단순히 하늘에서 내리는 폭우가 아닌 지하의 샘들이 터지고 하늘의 창이 열리는 초자연적인 재앙이었으며 하나님의 공의가 실행된 사건이었습니다. 동시에 그 오랜 시간 동안 하나님께서 노아와 방주 안의 생명들을 지키시며 새로운 시작을 준비하셨다는 점에서 심판과 구원이 함께한 사건이기도 했습니다.

이제 노아는 새로운 땅 위에 첫발을 내딛게 됩니다. 하나님과 함께 시작하는 두 번째 기회, 다시 주어진 창조의 리셋 버튼이 눌린 순간이었습니다.

12-4 홍수 이후 변화된 세상

#홍수이후, #생존환경, #육식

1. 짧아진 인간의 수명

여호와께서 이르시되 나의 영이 영원히 사람과 함께 하지 아니하리니 이는 그들이 육신이 됨이라 그러나 그들의 날은 백이십 년이 되리라 하시니라 (창6:3)

2. 자연 질서의 지속 선언(홍수 심판 같은 대격변이 없음)

땅이 있을 동안에는 심음과 거둠과 추위와 더위와 여름과 겨울과 낮과 밤이 쉬지 아니하리라 (창8:22)

3. 복 주심과, 창조 때 주셨던 '다스림' 명령 소멸

하나님이 노아와 그 아들들에게 복을 주시며 그들에게 이르시되 생육하고 번성하여 땅에 충만하라 (창9:1)

1:28 하나님이 그들에게 복을 주시며 하나님이 그들에게 이르시되 생육하고 번성하여 땅에 충만하라, 땅을 정복하라, 바다의 물고기와 하늘의 새와 땅에 움직이는 모든 생물을 다스리라 하시니라

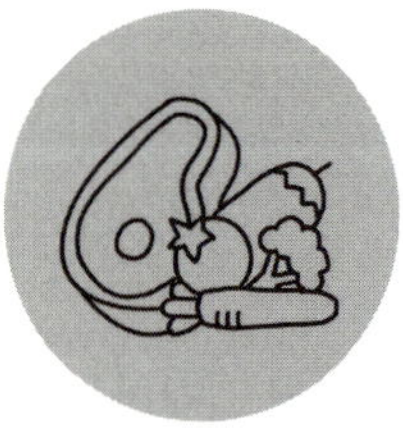

4. 육식의 시작과 생존 환경의 변화

모든 산 동물은 너희의 먹을 것이 될지라 채소 같이 내가 이것을 다 너희에게 주노라 (창9:3)

홍수 이후의 세상

물이 마른 후, 하나님은 노아에게 방주에서 나오라고 명령하십니다. 노아는 제단을 쌓고 정결한 짐승으로 번제를 드립니다. 하나님은 이 제사를 기쁘게 받으시고 다시는 이와 같은 심판으로 땅을 저주하지 않겠다고 약속하십니다. 이 장면을 통해 홍수 이후 달라진 몇 가지 변화와 하나님의 약속을 살펴볼 수 있습니다.

1. 짧아진 인간의 수명

홍수 이후, 하나님은 인간의 수명을 120년으로 제한하십니다(창6:3). 아담의 후손들이 900년 가까이 살았던 이전과 비교하면 큰 변화입니다. 이는 죄로 타락한 인간이 오래 사는 것은 오히려 재앙이 될 수 있음을 시사하는 조치였습니다.

2. 자연 질서의 지속 선언

"땅이 있는 동안에는 심음과 거둠, 추위와 더위와… 쉬지 아니하리라"(창8:22). 하나님은 계절과 자연의 순환이 멈추지 않을 것을 약속하십니다. 이는 인류가 더 이상 대격변 속에서 살지 않고 안정된 환경에서 삶을 이어갈 수 있게 하신 배려입니다.

3. 복 주심과, 창조 때 주셨던 '다스림' 명령 소멸

하나님은 노아와 그의 아들들에게 말씀하십니다. ***"생육하고 번성하여 땅에 충만하라"***(창9:1). 이는 창조 때 아담에게 주셨던 명령과 같습니다. 그러나 한 가지 중요한 차이점이 있습니다. 이제 인간에게는 다른 생명체를 다스리는 권세가 부여되지 않았습니다. 인간은 더 이상 자연을 마음대로 통제할 수 없는 존재가 되었습니다.

4. 육식의 시작과 생존 환경의 변화

"모든 산 동물은 너희의 먹을 것이 될지라"(창9:3). 이전까지 인간은 채식 위주의 삶을 살았지만, 이제부터는 육식도 허락됩니다. 이는 새로운 환경에서의 생존을 위한 하나님의 허용일 수 있으며 동시에 보다 척박해진 세상에서 살아가는 인간의 현실을 보여줍니다. 그리고 동물들의 세계는 약육강식이 시작됩니다.

종일묵상 Talk

사자들이 어린양과 뛰놀고

노아 시대의 홍수 심판 이후, 인간의 세계는 많은 변화를 겪었습니다. 창조 당시와 달리 인간은 이제 더 이상 다른 피조물들(동물)을 온전히 다스릴 수 없게 되었고 육식을 시작하게 되었습니다. 다시 말해, 인간뿐만 아니라 동물들까지도 약육강식의 세계 속으로 들어가게 된 것입니다.

그렇다면 우리는 다시 하나님께서 창조하신 본래의 모습으로 돌아갈 수는 없을까요? 놀랍게도 성경은 창조의 때가 회복된 세상을 보여주는 말씀을 우리에게 전하고 있습니다. 바로 이사야 11장 6~9절입니다.

이사야 11:6 그 때에 이리가 어린 양과 함께 살며 표범이 어린 염소와 함께 누우며 송아지
와 어린 사자와 살진 짐승이 함께 있어 어린 아이에게 끌리며
7 암소와 곰이 함께 먹으며 그것들의 새끼가 함께 엎드리며 사자가 소처럼 풀을 먹을
것이며
8 젖 먹는 아이가 독사의 구멍에서 장난하며 젖 뗀 어린 아이가 독사의 굴에 손을 넣을
것이라
9 내 거룩한 산 모든 곳에서 해 됨도 없고 상함도 없을 것이니 이는 물이 바다를 덮음
같이 여호와를 아는 지식이 세상에 충만할 것임이니라

이사야가 환상을 통해 본 하나님의 회복된 나라는 더 이상 누가 누구를 해치거나 두려워할 필요가 없는 세상입니다. 피를 흘려야만 양식을 얻는 현실도 사라지고 마치 창조 당시처럼 완전한 평화가 임합니다. 그리고 이 평화는 인간에게만 주어지는 것이 아닙니다. 모든 피조물이 함께 누리게 될 은혜입니다.

사도 바울도 로마서 8장 19~22절에서 온 피조물들 조차 하나님의 자녀들이 하나님과의 관계를 온전히 회복하고 영광에 참여하게 될 그날을 간절히 기다리고 있다고 전합니다.

로마서 8:19 피조물이 고대하는 바는 하나님의 아들들이 나타나는 것이니
20 피조물이 허무한 데 굴복하는 것은 자기 뜻이 아니요 오직 굴복하게 하시는 이로
말미암음이라
21 그 바라는 것은 피조물도 썩어짐의 종 노릇 한 데서 해방되어 하나님의 자녀들의
영광의 자유에 이르는 것이니라
22 피조물이 다 이제까지 함께 탄식하며 함께 고통을 겪고 있는 것을 우리가 아느니라

그날, 우리는 어떤 모습일까요?

그날이 더욱 기대되지 않으시나요?

꼭 기억합시다!

① 노아는 하나님의 말씀대로 그의 가족들과 모든 짐승들을 짝지어 방주에 태웁니다.

7:1 여호와께서 노아에게 이르시되 너와 네 온 집은 방주로 들어가라 이 세대에서 네가 내 앞에 의로움을 내가 보았음이니라

2 너는 모든 정결한 짐승은 암수 일곱씩, 부정한 것은 암수 둘씩을 네게로 데려오며

3 공중의 새도 암수 일곱씩을 데려와 그 씨를 온 지면에 유전하게 하라

② 하나님은 노아에게 말씀하신 대로 죄악으로 가득 찬 인류를 대홍수로 심판하십니다. 홍수 심판은 물이 다 마르기까지 약 1년이 걸린 엄청난 재앙이었습니다.

7:11 노아가 육백 세 되던 해 둘째 달 곧 그 달 열이렛날이라 그 날에 큰 깊음의 샘들이 터지며 하늘의 창문들이 열려

12 사십 주야를 비가 땅에 쏟아졌더라

8:13 육백일 년 첫째 달 곧 그 달 초하룻날에 땅 위에서 물이 걷힌지라 노아가 방주 뚜껑을 제치고 본즉 지면에서 물이 걷혔더니

③ 홍수 이후 세상에는 다음과 같은 변화가 일어납니다.

· 인류의 수명이 약 120세 정도로 짧아집니다.

· 전 인류를 심판하는 홍수와 같은 재앙을 다시 내리시지 않겠다고 선언하십니다.

· 하나님은 다시 한번 복을 주시고 번성하고 충만하라 이르시지만, 다스림의 권세는 사라집니다.

· 인간이 육식을 시작합니다.

오늘의 나눔

① 나는 큰 위기 속에서도 하나님의 구원의 손길을 신뢰할 수 있나요? 그 신뢰는 어떻게 생겨났나요?

② 오랜 고난이 지속될 때, 하나님이 아무 일도 하지 않으신다고 느껴질 때가 있습니다. 어떻게 해야 끝까지 하나님을 신뢰할 수 있을까요?

③ 나는 지금 어떤 사람들을 어떤 방법으로 구원의 방주로 초대하고 있나요?

마무리 기도

온 세상 만물을 회복케 하시는 주님을 찬양합니다. 심판의 재앙 속에서도 구원의 길을 열어 주시는 하나님을 신뢰하며 하나님 나라의 온전함을 바라며 살아가게 하소서.

“

무지개를 통한 하나님의 약속은
또다시 내리는 빗줄기에서
여전히 두려움과 공포에 떠는 인간에게
평안과 안전을 보장해 주시는
그분의 배려입니다.

”

Part 09

언약

Day13 언약과 인간의 연약함

홍수 뒤에 주신 언약

풍요가 주는 문제와 인간의 연약함

허물을 덮어준 아들과 허물을 드러낸 아들

Day 13. 언약과 인간의 연약함

종일묵상 성경공부 아래 QR 코드에 접속하면 저자 김종일 목사님과 함께 성경 공부를 할 수 있습니다.

종일묵상 창세기 13강

오늘의 기도 아래 기도를 따라 읽으며 성경 공부를 준비해 봅시다.

노아의 모습을 통해 인간의 연약함을 깊이 깨닫고 서로의 허물과 약함을 정죄하기보다 은혜로 덮어주는 사랑의 마음을 허락하소서.

복습하기 아래 키워드를 보고 지난 시간의 내용을 기억해 보세요.

홍해의 기적 　 1년 이상 　 변화된 세상

오늘의 내용

1. 무지개 언약
2. 인간의 연약함
3. 죄를 드러냄과 덮음

오늘의 핵심 구절

내가 내 무지개를 구름 속에 두었나니 이것이 나와 세상 사이의 언약의 증거니라 (창9:13)

노아가 농사를 시작하여 포도나무를 심었더니 포도주를 마시고 취하여 그 장막 안에서 벌거벗은지라 (창9:20~21)

오늘의 본문 창세기 9장 1~29절

1하나님이 노아와 그 아들들에게 복을 주시며 그들
에게 이르시되 생육하고 번성하여 땅에 충만하라
2땅의 모든 짐승과 공중의 모든 새와 땅에 기는 모
든 것과 바다의 모든 물고기가 너희를 두려워하며
너희를 무서워하리니 이것들은 너희의 손에 붙였
음이니라 3모든 산 동물은 너희의 먹을 것이 될지
라 채소 같이 내가 이것을 다 너희에게 주노라 4그
러나 고기를 그 생명 되는 피째 먹지 말 것이니라
5내가 반드시 너희의 피 곧 너희의 생명의 피를 찾
으리니 짐승이면 그 짐승에게서, 사람이나 사람의
형제면 그에게서 그의 생명을 찾으리라 6다른 사람
의 피를 흘리면 그 사람의 피도 흘릴 것이니 이는
하나님이 자기 형상대로 사람을 지으셨음이니라
7너희는 생육하고 번성하며 땅에 가득하여 그 중에
서 번성하라 하셨더라 8하나님이 노아와 그와 함께
한 아들들에게 말씀하여 이르시되 9내가 내 언약
을 너희와 너희 후손과 10너희와 함께 한 모든 생물
곧 너희와 함께 한 새와 가축과 땅의 모든 생물에
게 세우리니 방주에서 나온 모든 것 곧 땅의 모든
짐승에게니라 11내가 너희와 언약을 세우리니 다시
는 모든 생물을 홍수로 멸하지 아니할 것이라 땅을
멸할 홍수가 다시 있지 아니하리라 12하나님이 이
르시되 내가 나와 너희와 및 너희와 함께 하는 모
든 생물 사이에 대대로 영원히 세우는 언약의 증
거는 이것이니라 13내가 내 무지개를 구름 속에 두
었나니 이것이 나와 세상 사이의 언약의 증거니라
14내가 구름으로 땅을 덮을 때에 무지개가 구름 속
에 나타나면 15내가 나와 너희와 및 육체를 가진 모
든 생물 사이의 내 언약을 기억하리니 다시는 물이
모든 육체를 멸하는 홍수가 되지 아니할지라 16무
지개가 구름 사이에 있으리니 내가 보고 나 하나님
과 모든 육체를 가진 땅의 모든 생물 사이의 영원
한 언약을 기억하리라 17하나님이 노아에게 또 이
르시되 내가 나와 땅에 있는 모든 생물 사이에 세
운 언약의 증거가 이것이라 하셨더라 18방주에서
나온 노아의 아들들은 셈과 함과 야벳이며 함은 가
나안의 아버지라 19노아의 이 세 아들로부터 사람
들이 온 땅에 퍼지니라 20노아가 농사를 시작하여
포도나무를 심었더니 21포도주를 마시고 취하여 그
장막 안에서 벌거벗은지라 22가나안의 아버지 함이
그의 아버지의 하체를 보고 밖으로 나가서 그의 두
형제에게 알리매 23셈과 야벳이 옷을 가져다가 자
기들의 어깨에 메고 뒷걸음쳐 들어가서 그들의 아
버지의 하체를 덮었으며 그들이 얼굴을 돌이키고
그들의 아버지의 하체를 보지 아니하였더라 24노아
가 술이 깨어 그의 작은 아들이 자기에게 행한 일
을 알고 25이에 이르되 가나안은 저주를 받아 그의
형제의 종들의 종이 되기를 원하노라 하고 26또 이
르되 셈의 하나님 여호와를 찬송하리로다 가나안
은 셈의 종이 되고 27하나님이 야벳을 창대하게 하
사 셈의 장막에 거하게 하시고 가나안은 그의 종이
되게 하시기를 원하노라 하였더라 28홍수 후에 노
아가 삼백오십 년을 살았고 29그의 나이가 구백오
십 세가 되어 죽었더라

13-1 홍수 뒤에 주신 언약

#언약, #무지개

9:11 내가 너희와 언약을 세우리니 다시는 모든 생물을 홍수로 멸하지 아니할 것이라
땅을 멸할 홍수가 다시 있지 아니하리라
12 하나님이 이르시되 내가 나와 너희와 및 너희와 함께 하는 모든 생물 사이에 대대로
영원히 세우는 언약의 증거는 이것이니라
13 내가 내 무지개를 구름 속에 두었나니 이것이 나와 세상 사이의 언약의 증거니라
14 내가 구름으로 땅을 덮을 때에 무지개가 구름 속에 나타나면
15 내가 나와 너희와 및 육체를 가진 모든 생물 사이의 내 언약을 기억하리니 다시는
물이 모든 육체를 멸하는 홍수가 되지 아니할지라
16 무지개가 구름 사이에 있으리니 내가 보고 나 하나님과 모든 육체를 가진 땅의 모든
생물 사이의 영원한 언약을 기억하리라 (창9:11~16)

무지개 언약, 하나님의 변함없는 약속

홍수 이후, 하나님은 인간과 한가지 언약을 맺으시고 눈에 보이는 증거를 주십니다. **"내가 너희와 언약을 세우리니, 다시는 모든 생물을 홍수로 멸하지 아니할 것이라 땅을 멸할 홍수가 다시 있지 아니하리라"**(창9:11)

이 말씀은 인류의 역사에 다시는 대홍수와 같은 심판이 반복되지 않을 것이라는 하나님의 선언입니다. 하나님은 이 약속을 영원한 언약으로 세우시며 그 증거로 무지개를 주셨습니다. **"내가 내 무지개를 구름 속에 두었나니, 이것이 나와 세상 사이의 언약의 증거니라"**(창9:13)

왜 하필 무지개였을까?

홍수의 공포를 직접 겪은 세대는 물론, 그 이야기를 듣고 자란 자손들에게도 먹구름이 하늘을 뒤덮을 때마다 두려움이 밀려왔을 것입니다. 언제라도 다시 심판이 시작될 수 있다는 생각은 트라우마처럼 깊이 새겨졌을 것입니다. 하지만 그때 하늘에 무지개가 떠오르면 그들은 하나님이 주신 언약을 기억할 수 있었습니다.

'비가 내리더라도 다시는 모든 생명이 홍수로 멸망하지 않을 것이다'라는 무지개 약속은 두려움 대신 평안과 확신을 주는 은혜의 표징이었습니다.

모든 인류를 향한 언약

하나님이 노아와 맺으신 무지개 언약은 특정 민족이나 개인을 위한 것이 아닙니다. 이 언약은 모든 인류와 모든 생명체를 향한 하나님의 변함없는 약속입니다. 무지개는 단지 하늘에 걸린 자연 현상이 아닙니다. 그것은 모든 세대, 모든 지역, 모든 민족이 함께 바라볼 수 있는 하나님의 영원한 약속입니다.

무지개는 이스라엘만이 아니라 온 세상, 모든 사람과 모든 피조물을 향해 하나님이 은혜를 베풀고 계신다는 사실을 상기시키는 증거입니다. 하나님은 지금도 우리가 무지개를 바라볼 때마다 변함없는 약속을 다시 기억하기 원하십니다.

13-2 풍요가 주는 문제와 인간의 연약함

#풍요, #실수

9:20 노아가 농사를 시작하여 포도나무를 심었더니
21 포도주를 마시고 취하여 그 장막 안에서 벌거벗은지라 (창9:20~21)

풍요의 양면성

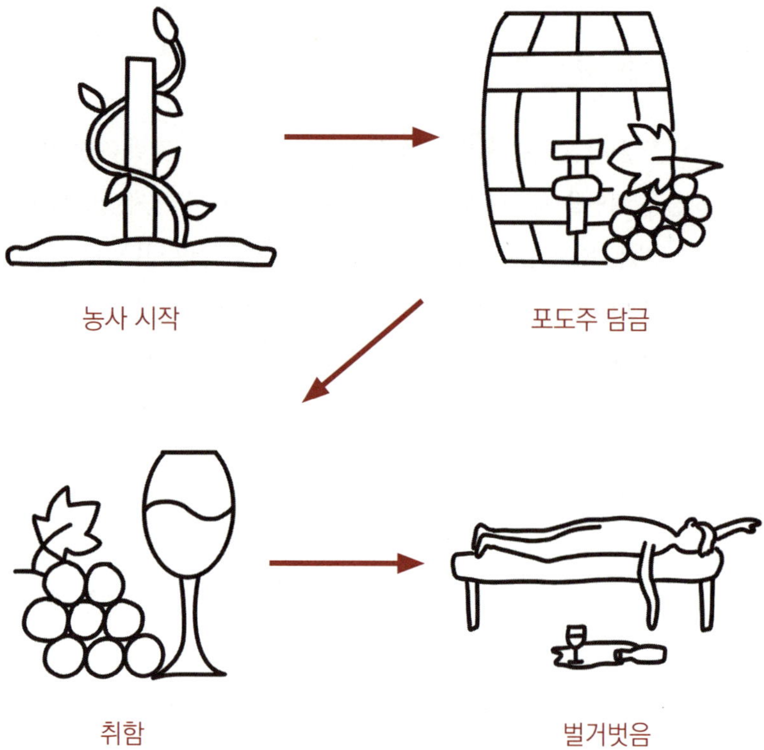

방주에서 나온 노아와 인간의 연약함

방주에서 나온 노아와 그의 가족은 하나님의 복 주심과 명령에 따라 땅에 퍼져 나갑니다. 노아는 농사를 시작해 포도나무를 심고 그 열매로 포도주를 만들어 마십니다. 그러나 그는 포도주에 취해 장막 안에서 벌거벗은 채로 누워 있는 실수를 저지릅니다. 왜 노아는 이런 실수를 했을까요?

첫째, 풍요가 주는 유혹을 생각해 볼 수 있습니다. 심판의 긴 시간이 지나고 노아는 안정된 삶과 풍성한 소출을 누립니다. 하지만 아이러니하게도 인간은 고난 중에는 하나님을 붙들다가도 풍요롭고 안정된 때에 쉽게 방심하며 죄에 빠지기 쉽습니다. 노아의 실수 역시 풍요 속의 경계심 부족에서 비롯된 것이었습니다.

둘째, 이는 인간의 본질적인 연약함을 보여줍니다. 성경은 노아를 가리켜 **"의인이요, 당대에 완전한 자라"**(창6:9)라고 표현합니다. 하지만 그러한 노아조차 결코 타락에서 완전히 자유로운 존재는 아니라는 사실을 보여줍니다. 선택받은 사람이라도 인간은 연약하고 죄를 범할 수 있습니다. 이 모습은 모든 시대를 살아가는 우리가 깊이 새겨야 할 진리입니다. 인간은 언제나 실수하는 존재임을 겸손히 인정해야 합니다.

과거의 은혜와 오늘의 은혜

노아처럼 인생을 뒤바꿀만한 큰 구원의 은혜를 경험한 사람도 그 이후의 삶에서 실수와 죄를 피할 수는 없습니다. 노아가 '의인'이라 불릴 수 있었던 것은 그가 완벽했기 때문이 아니라, 하나님의 은혜로 의롭다 여김을 받았기 때문입니다.

이것은 우리에게 중요한 교훈을 줍니다. 풍요와 안정의 시대일 때, 우리는 더욱 하나님과의 친밀함을 유지해야 합니다. 환경이 좋아질수록 우리는 경계심을 잃기 쉽고 하나님에게서 멀어지기 쉽습니다. 지금 나는 참된 평안과 안정을 어디에서 얻고 있는지 돌아보아야 합니다. 과거의 은혜는 감사로 기억해야 할 소중한 흔적이지만, 그 자리에 머물러 있을 수는 없습니다. 우리는 오늘의 은혜, 지금 이 순간 하나님과 동행하는 은혜를 사모해야 합니다.

13-3 허물을 덮어준 아들과 허물을 드러낸 아들

#덮음, #드러냄

9:22 가나안의 아버지 함이 그의 아버지의 하체를 보고 밖으로 나가서 그의 두 형제에게 알리매

23 셈과 야벳이 옷을 가져다가 자기들의 어깨에 메고 뒷걸음쳐 들어가서 그들의 아버지의 하체를 덮었으며 그들이 얼굴을 돌이키고 그들의 아버지의 하체를 보지 아니하였더라 (창9:22~23)

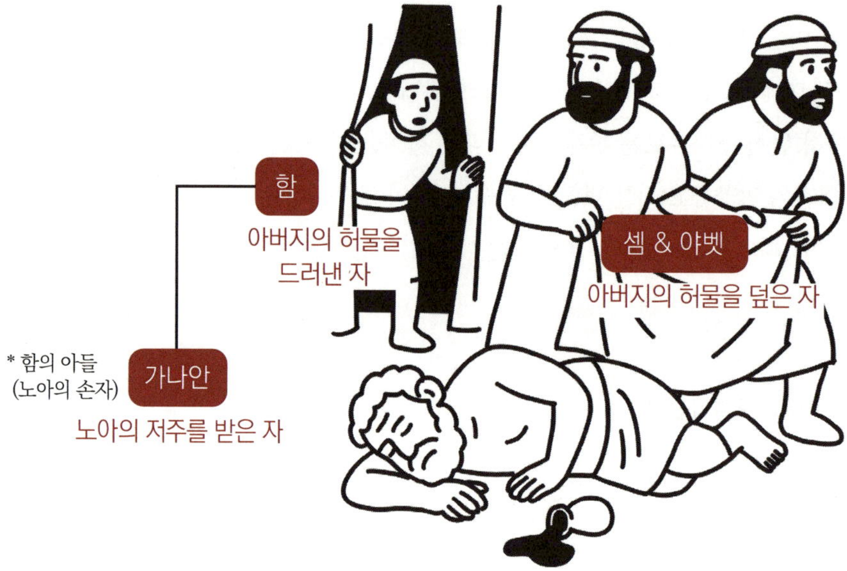

9:25 이에 이르되 가나안은 저주를 받아 그의 형제의 종들의 종이 되기를 원하노라 하고

26 또 이르되 셈의 하나님 여호와를 찬송하리로다 가나안은 셈의 종이 되고

27 하나님이 야벳을 창대하게 하사 셈의 장막에 거하게 하시고 가나안은 그의 종이 되게 하시기를 원하노라 하였더라 (창9:25~27)

허물을 덮어준 아들과 허물을 드러낸 아들

노아의 아들 함은 술에 취해 벌거벗은 채 장막에 누워 있는 아버지의 모습을 발견합니다. 그는 그 모습을 보고 밖으로 나가 자신의 형제 셈과 야벳에게 이 사실을 알립니다. 그러나 이 말을 들은 셈과 야벳은 함과는 전혀 다른 태도를 보입니다. 그들은 옷을 가지고 조심스럽게 장막으로 뒷걸음쳐 들어가서 아버지의 벌거벗은 몸을 보지 않고 그 하체 위에 옷을 덮습니다. 셈과 야벳은 아버지의 실수를 덮었고 함은 그것을 드러냈습니다. 그저 단순한 행동처럼 보이지만, 이 작은 태도 하나는 엄청난 결과를 불러옵니다. 노아가 술에서 깨어난 후, 함이 자신에게 행한 일을 알고는 함의 아들 가나안에게 저주를 선언합니다. **"가나안은 저주를 받아, 그의 형제의 종들의 종이 되기를 원하노라"**(창9:25). 반면 셈과 야벳에게는 하나님의 축복과 창대함이 선언됩니다.

노아가 왜 함의 자손에게 그렇게 강한 저주를 내렸는지는 성경에 명확히 설명되어 있지 않습니다. 그러나 성경의 문맥을 따라가 보면, 노아의 반응은 함이 단순히 자신의 실수를 본 것 때문이 아니라, 그 실수를 어떻게 다루었는가에 대한 문제였음을 알 수 있습니다. 함은 아버지의 연약함을 가벼운 이야기로 만들어 형제들에게 전했고 이는 조롱에 가까운 태도로 비쳤을 가능성이 큽니다. 반면 셈과 야벳은 아버지의 실수 앞에서 조심스러운 태도를 보였습니다. 이는 단지 외면적 행동의 차이가 아니라, '존중'과 '조롱', '덮음'과 '노출'이라는 신앙적, 윤리적 차이를 의미합니다.

이 사건은 우리에게 중요한 질문을 던집니다. 타인의 연약함을 마주했을 때, 나는 어떤 태도를 보이고 있나요? 나는 누군가의 허물을 덮어주는 사람인가요 아니면 그것을 이야깃거리로 삼는 사람인가요?

함은 단순히 사실을 전달했을지 모르지만, 그 전달의 방식과 태도는 결과적으로 존중이 아닌 조롱으로 받아들여졌습니다. 그리고 그 행위는 가벼운 농담처럼 시작되었지만, 무거운 저주로 이어졌습니다. 성경은 이를 통해 말과 행동의 무게, 그리고 그 결과가 얼마나 깊은 영향을 줄 수 있는지를 강하게 경고하고 있습니다.

종일묵상 Talk

노아의 실수와 아들의 죄, 악의 번성

심판 이후, 풍요의 시대는 노아의 가족에게 추수의 기쁨과 즐거움을 안겨주었지만, 동시에 세 아들과 그들의 후손들에게는 저주와 축복이라는 심각한 삶의 격차를 만들게 됩니다. 아버지가 술에 취해 아랫도리가 드러난 일을 아들이 소문낸 것은 분명 잘못된 행동입니다. 하지만 그것 때문에 아버지가 자식에게 그렇게 심한 저주의 예언을 한 것은 사실 이해하기 어려운 면이 있습니다. 노아는 왜 그렇게까지 그의 행동에 분노했을까요?

이 사건은 성경에 꽤 꼼꼼하게 기록되어 있습니다. 그런 점으로 볼 때 노아가 단순히 술에 취하여 우발적으로 함의 자손을 저주했다고 보기는 어렵습니다. 오히려 함의 행위가 아버지의 권위를 무너뜨리는 심각한 범죄였음을 상상해 보는 것이 더 논리적인 접근일 것입니다. 실제로 많은 성경 학자들은 이 사건의 배경에 대하여 다양한 추론과 해석을 내놓기도 합니다.

그러나 우리가 이 사건에서 더 중요하게 보아야 할 것은 다시 시작하는 인류가 하나님의 창조 명령에 부름 받은 존재임과 동시에 여전히 죄의 영향 아래 있는 연약한 존재라는 사실입니다. 축복의 자녀로 성장하고 자라나야 할 형제들은 결국 삶의 격차를 드러내며, 아버지 노아의 시대가 또다시 극악한 현실로 회귀하고 마는 안타까운 상황을 만들게 됩니다. 마치 아담과 하와의 범죄가 바로 다음 세대인 가인과 아벨의 삶에서 살인이라는 무서운 범죄로 확산된 것처럼 노아의 술 취함 또한 부모의 모습을 욕되게 하는 아들의 행위로 이어집니다. 마치 데자뷰와도 같은 장면입니다.

홍수 사건을 통해 하나님께서는 인류에게 다시 출발할 수 있는 리셋(reset)의 기회를 주셨지만, 인간 내면에 자리 잡은 악의 본질은 멈추지 않고 끊임없이 솟아나고 있습니다.

악의 번성은 이제 우리가 보게 될 또 하나의 전 인류적인 거대한 도전으로 성경에서 묘사됩니다. 그 속에서도 하나님께서는 여전히 포기하지 않으시고 하나님의 마음으로 세상을 살아갈 약속의 무리를 찾고 계시다는 것을 창세기는 쉼 없이 보여줍니다. 그리고 그분의 열심은 마침내 신실한 언약의 한 사람을 부르시고 세워가심으로써 그분이 어떤 분이신지를 분명하게 증명해 보이십니다. 결국 모든 악은 하나님 앞에서 무력화될 뿐입니다.

꼭 기억합시다!

① 하나님은 구름 속에 무지개를 두심으로 다시는 홍수로 땅을 멸할 심판을 하지 않겠다는 약속의 증표를 주십니다.

9:11내가 너희와 언약을 세우리니 다시는 모든 생물을 홍수로 멸하지 아니할 것이라 땅을 멸할 홍수가 다시
있지 아니하리라 12하나님이 이르시되 내가 나와 너희와 및 너희와 함께 하는 모든 생물 사이에 대대로 영
원히 세우는 언약의 증거는 이것이니라 13내가 내 무지개를 구름 속에 두었나니 이것이 나와 세상 사이의
언약의 증거니라

② 무지개 언약은 노아의 자손이나 이스라엘 민족뿐만 아니라, 오늘날 우리에게도 주시는 변함없는 약속입니다.

9:15내가 나와 너희와 및 육체를 가진 모든 생물 사이의 내 언약을 기억하리니 다시는 물이 모든 육체를 멸
하는 홍수가 되지 아니할지라

③ 홍수 이후 농사를 지은 노아는 포도주를 마시고 취해 장막 안에서 벌거벗는 실수를 저지릅니다.

9:20노아가 농사를 시작하여 포도나무를 심었더니 21포도주를 마시고 취하여 그 장막 안에서 벌거벗은지라

④ 함은 이 사실을 밖에 나가 알리지만, 셈과 야벳은 아버지의 벗은 몸을 덮어줍니다.

9:22가나안의 아버지 함이 그의 아버지의 하체를 보고 밖으로 나가서 그의 두 형제에게 알리매 23셈과 야벳
이 옷을 가져다가 자기들의 어깨에 메고 뒷걸음쳐 들어가서 그들의 아버지의 하체를 덮었으며 그들이 얼
굴을 돌이키고 그들의 아버지의 하체를 보지 아니하였더라

⑤ 이 사실을 안 노아는 함의 아들 가나안이 다른 형제들의 종이 될 것이라고 저주합니다.

9:25이에 이르되 가나안은 저주를 받아 그의 형제의 종들의 종이 되기를 원하노라 하고

오늘의 나눔

① 믿는 사람뿐만 아니라 믿지 않는 사람들에게도 동일한 자비하심을 주시는 하나님을 경험한 적이 있나요?

② 누군가의 실수를 보았을 때, 나는 어떤 태도를 보이나요? 나의 태도는 그 사람을 보호하는 것인가요? 잘못을 드러내는 것인가요?

③ 나의 선택이나 태도가 다음 세대에 영향을 줄 수 있다는 사실을 생각할 때, 나는 어떤 삶의 유산을 남겨야 할까요?

마무리 기도

심판 중에도 구원을 베푸신 하나님, 다시 약속의 백성으로 우리를 삼으시고 당신의 사랑의 통로로 우리를 사용하시니 감사합니다. 연약하고 부족한 내 주변의 사람들을 정죄하고 비난하기보다는 축복하고 섬기는 삶을 살게 하옵소서.

“

언어의 혼잡은
집단적 위업을 멈추게 합니다.
하늘의 언어로 하나가 될 때
인간은 사람의 힘이 아니라
성령의 능력으로 하나님의 큰일을
말하게 됩니다.

”

Part 10

새 인류
새 언약
그리고 바벨

Day14 새로운 인류와 죄악의 씨앗

야벳과 함의 가문

셈의 계보와 하나님의 기대

하나님을 대적함의 정점, 바벨탑

바벨을 흩으시는 하나님

Day 14. 새로운 인류와 죄악의 씨앗

종일묵상 성경공부 아래 QR 코드에 접속하면 저자 김종일 목사님과 함께 성경 공부를 할 수 있습니다.

종일묵상 창세기 14강

오늘의 기도 아래 기도를 따라 읽으며 성경 공부를 준비해 봅시다.

바벨탑 사건을 통해 모든 죄의 근원은 하나님을 대적하려는 마음임을 깨달으며 나의 지혜와 능력이 하나님을 높이고 경외하는 데 쓰임 받을 수 있도록 하소서.

복습하기 아래 키워드를 보고 지난 시간의 내용을 기억해 보세요.

무지개 | 풍요의 역설 | 저주와 축복

오늘의 내용

1. 야벳과 함의 자손
2. 셈의 자손
3. 바벨탑과 언어의 혼잡

오늘의 핵심 구절

또 말하되 자, 성읍과 탑을 건설하여 그 탑 꼭대기를 하늘에 닿게 하여 우리 이름을 내고 온 지면에 흩어짐을 면하자 하였더니 (창11:4)

오늘의 본문 ① 창세기 10장 1~32절

1노아의 아들 셈과 함과 야벳의 족보는 이러하니라
홍수 후에 그들이 아들들을 낳았으니 2야벳의 아들
은 고멜과 마곡과 마대와 야완과 두발과 메섹과 디
라스요 3고멜의 아들은 아스그나스와 리밧과 도갈
마요 4야완의 아들은 엘리사와 달시스와 깃딤과 도
다님이라 5이들로부터 여러 나라 백성으로 나뉘어
서 각기 언어와 종족과 나라대로 바닷가의 땅에 머
물렀더라 6함의 아들은 구스와 미스라임과 붓과 가
나안이요 7구스의 아들은 스바와 하윌라와 삽다
와 라아마와 삽드가요 라아마의 아들은 스바와 드
단이며 8구스가 또 니므롯을 낳았으니 그는 세상
에 첫 용사라 9그가 여호와 앞에서 용감한 사냥꾼
이 되었으므로 속담에 이르기를 아무는 여호와 앞
에 니므롯 같이 용감한 사냥꾼이로다 하더라 10그
의 나라는 시날 땅의 바벨과 에렉과 악갓과 갈레에
서 시작되었으며 11그가 그 땅에서 앗수르로 나아
가 니느웨와 르호보딜과 갈라와 12및 니느웨와 갈
라 사이의 레센을 건설하였으니 이는 큰 성읍이라
13미스라임은 루딤과 아나밈과 르하빔과 납두힘과
14바드루심과 가슬루힘과 갑도림을 낳았더라 (가슬
루힘에게서 블레셋이 나왔더라) 15가나안은 장자
시돈과 헷을 낳고 16또 여부스 족속과 아모리 족속
과 기르가스 족속과 17히위 족속과 알가 족속과 신
족속과 18아르왓 족속과 스말 족속과 하맛 족속을
낳았더니 이 후로 가나안 자손의 족속이 흩어져 나
아갔더라 19가나안의 경계는 시돈에서부터 그랄을
지나 가사까지와 소돔과 고모라와 아드마와 스보
임을 지나 라사까지였더라 20이들은 함의 자손이라
각기 족속과 언어와 지방과 나라대로였더라 21셈은
에벨 온 자손의 조상이요 야벳의 형이라 그에게도
자녀가 출생하였으니 22셈의 아들은 엘람과 앗수르
와 아르박삿과 룻과 아람이요 23아람의 아들은 우
스와 훌과 게델과 마스며 24아르박삿은 셀라를 낳
고 셀라는 에벨을 낳았으며 25에벨은 두 아들을 낳
고 하나의 이름을 벨렉이라 하였으니 그 때에 세상
이 나뉘었음이요 벨렉의 아우의 이름은 욕단이며
26욕단은 알모닷과 셀렙과 하살마웻과 예라와 27하
도람과 우살과 디글라와 28오발과 아비마엘과 스바
와 29오빌과 하윌라와 요밥을 낳았으니 이들은 다
욕단의 아들이며 30그들이 거주하는 곳은 메사에서
부터 스발로 가는 길의 동쪽 산이었더라 31이들은
셈의 자손이니 그 족속과 언어와 지방과 나라대로
였더라 32이들은 그 백성들의 족보에 따르면 노아
자손의 족속들이요 홍수 후에 이들에게서 그 땅의
백성들이 나뉘었더라

14-1 야벳과 함의 가문

#야벳, #족보, #대적

10:2야벳의 아들은 고멜과 마곡과 마대와 야완과 두발과 메섹과 디라스요 3고멜의 아들은 아스그나스와 리
밧과 도갈마요 4야완의 아들은 엘리사와 달시스와 깃딤과 도다님이라 5이들로부터 여러 나라 백성으로 나
뉘어서 각기 언어와 종족과 나라대로 바닷가의 땅에 머물렀더라 (창10:2~5)

10:6함의 아들은 구스와 미스라임과 붓과 가나안이
요 7구스의 아들은 스바와 하윌라와 삽다와 라아
마와 삽드가요 라아마의 아들은 스바와 드단이며
8구스가 또 니므롯을 낳았으니 그는 세상에 첫 용
사라 9그가 여호와 앞에서 용감한 사냥꾼이 되었
으므로 속담에 이르기를 아무는 여호와 앞에 니므
롯 같이 용감한 사냥꾼이로다 하더라 10그의 나라
는 시날 땅의 바벨과 에렉과 악갓과 갈레에서 시
작되었으며 11그가 그 땅에서 앗수르로 나아가 니
느웨와 르호보딜과 갈라와 12및 니느웨와 갈라 사
이의 레센을 건설하였으니 이는 큰 성읍이라

10:15가나안은 장자 시돈과 헷을 낳고 16또 여부
스 족속과 아모리 족속과 기르가스 족속과 17히
위 족속과 알가 족속과 신 족속과 18아르왓 족속
과 스말 족속과 하맛 족속을 낳았더니 이 후로
가나안 자손의 족속이 흩어져 나아갔더라 19가
나안의 경계는 시돈에서부터 그랄을 지나 가사
까지와 소돔과 고모라와 아드마와 스보임을 지
나 라사까지였더라

다시 하나님을 대적하는 함의 자손들

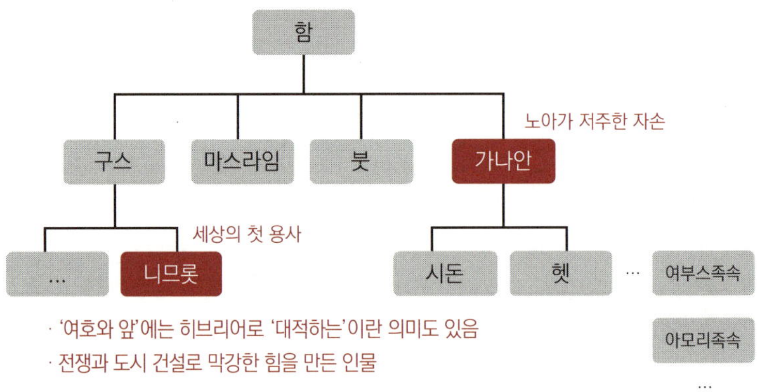

야벳과 함의 자손

창세기 10장은 하나님의 심판 이후, 노아와 그의 아들들을 통해 다시 시작되는 인류의 족보로 문을 엽니다. 노아의 세 아들은 하나님의 축복을 따라 많은 자손을 낳고 땅에 퍼져나가며, 인류는 다시 번성하게 됩니다.

노아의 아들 야벳의 자손들은 '바닷가 땅', 즉 변방 지역으로 나아가 터전을 잡았습니다(창10:5). 이어지는 함의 계보에서는 두 인물, 니므롯과 가나안을 주목해야 합니다. 8절을 보면 니므롯은 성경에서 '세상의 첫 용사'로 소개됩니다.

10:8구스가 또 니므롯을 낳았으니 그는 세상에 첫 용사라 9그가 여호와 앞에서 용감한 사냥꾼이 되었으므로 속담에 이르기를 아무는 여호와 앞에 니므롯 같이 용감한 사냥꾼이로다 하더라

여기서 말하는 '용사'는 단순한 힘센 자가 아니라 전쟁을 일삼고 정복하는 자, 즉 하나님을 대적하는 자를 의미합니다. '여호와 앞에서'라는 표현은 본래 '여호와를 향해 대항하여(against)'라는 의미를 담고 있어 죄의 씨앗이 다시 살아났음을 보여줍니다. 니므롯은 시날 땅의 바벨을 시작으로 니느웨까지 그의 나라를 세웠고 이는 훗날 하나님의 심판 대상이 된 대표적인 도시들입니다. 그의 이름과 도시들은 인간의 교만과 타락을 상징합니다.

함의 아들 가나안 역시 중요한 인물입니다. 그는 노아의 저주를 받은 자손임에도 불구하고 번성했습니다. 성경은 그의 후손들이 소돔과 고모라에 이르기까지 퍼졌다고 기록합니다. 소돔과 고모라는 ***"그 죄악이 심히 무거우니"***(창18:20)라는 하나님의 평가 아래 훗날 불로 멸망당하는 대표적인 죄의 도시입니다.

결국, 하나님의 심판으로 새롭게 시작된 인류는 불과 얼마 지나지 않아 다시금 죄악의 길로 치닫게 됩니다. 인간의 교만과 불순종은 거대한 도시의 형태로 다시 자라났고 그 중심에는 하나님을 대적하는 족속들이 자리하게 됩니다.

14-2 셈의 계보와 하나님의 기대

#셈, #족보, #구원

10:21셈은 에벨 온 자손의 조상이요 야벳의 형이라 그에게도 자녀가 출생하였으니 22셈의 아들은 엘람과 앗
수르와 아르박삿과 룻과 아람이요 23아람의 아들은 우스와 훌과 게델과 마스며 24아르박삿은 셀라를 낳고
셀라는 에벨을 낳았으며 25에벨은 두 아들을 낳고 하나의 이름을 벨렉이라 하였으니 그 때에 세상이 나뉘
었음이요 벨렉의 아우의 이름은 욕단이며 26욕단은 알모닷과 셀렙과 하살마웻과 예라와 27하도람과 우살
과 디글라와 28오발과 아비마엘과 스바와 29오빌과 하윌라와 요밥을 낳았으니 이들은 다 욕단의 아들이며
30그들이 거주하는 곳은 메사에서부터 스발로 가는 길의 동쪽 산이었더라 31이들은 셈의 자손이니 그 족속
과 언어와 지방과 나라대로였더라 (창10:21~31)

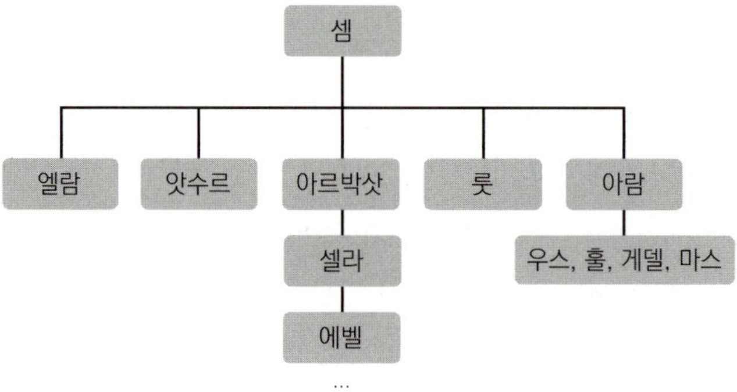

생육하고 번성하여 땅에 충만하라는 명하심을 받은
노아의 자손들은 그 말씀대로 다시 한번 인류로 뻗어 나감
셈의 자손들은 하나님의 구속 역사가 본격적으로 이어지는 출발점이 됨

셈의 자손

셈은 히브리어로 '이름, 명성'을 의미하며, 창세기 9장에서도 노아는 "셈의 하나님 여호와를 찬송하라"라고 축복의 예언을 남깁니다. 이는 셈의 후손을 통해 하나님과의 언약이 다시 회복될 것임을 암시하는 말씀입니다. 셈의 후손 중에서 이후 성경에서 만나는 아브람(후에 아브라함으로 이름이 바뀜)이 태어나며 이 계보는 이스라엘 민족의 뿌리가 되고 결국 예수 그리스도까지 연결되는 축복의 족보가 됩니다.

즉, 셈의 자손들은 단순히 번성하는 인류의 한 갈래가 아니라, 하나님의 구속 역사가 본격적으로 이어지는 출발점이라 할 수 있습니다. 이런 관점에서 창세기 10장 후반부는 단순한 족보 그 이상의 의미를 담고 있습니다. 혼란스럽고 죄악으로 치닫는 세상 가운데, 하나님께서는 셈의 후손을 통해 새로운 방향, 새로운 희망을 준비하고 계셨던 것입니다.

물론 셈의 자손들 중에도 죄악의 흔적이 완전히 사라진 것은 아닙니다. 인류 전체가 여전히 타락한 본성을 지닌 채 살아가고 있었기 때문입니다. 그러나 하나님은 그들 가운데서도 구별된 한 사람, 한 가문을 택하셔서 그분의 뜻을 이어가십니다. 이처럼 셈의 족보는 하나님의 구원 계획이 어떻게 사람을 통해 이어지는지를 보여주는 시작점이며 앞으로 성경의 주요 인물들과 민족들이 등장하는 계보가 됩니다. 다시 말해, 죄로 끊어진 관계를 회복하기 위한 하나님의 실질적인 첫걸음이 바로 이 셈의 자손들을 통해 드러나는 것입니다.

앞으로 우리는 창세기 11장을 통해, 이 계보 안에 숨겨진 하나님의 구속 이야기를 구체적으로 마주하게 될 것입니다. 타락한 세상 속에서도 하나님의 은혜는 중단되지 않았으며 믿음의 사람들을 통해 하나님의 이름은 계속 높임을 받게 될 것입니다.

오늘의 본문 ② 창세기 11장 1~9절

1 온 땅의 언어가 하나요 말이 하나였더라
2 이에 그들이 동방으로 옮기다가 시날 평지를 만나 거기 거류하며
3 서로 말하되 자, 벽돌을 만들어 견고히 굽자 하고 이에 벽돌로 돌을 대신하며 역청으로 진흙을 대신하고
4 또 말하되 자, 성읍과 탑을 건설하여 그 탑 꼭대기를 하늘에 닿게 하여 우리 이름을 내고 온 지면에 흩어
짐을 면하자 하였더니
5 여호와께서 사람들이 건설하는 그 성읍과 탑을 보려고 내려오셨더라
6 여호와께서 이르시되 이 무리가 한 족속이요 언어도 하나이므로 이같이 시작하였으니 이 후로는 그 하고
자 하는 일을 막을 수 없으리로다
7 자, 우리가 내려가서 거기서 그들의 언어를 혼잡하게 하여 그들이 서로 알아듣지 못하게 하자 하시고
8 여호와께서 거기서 그들을 온 지면에 흩으셨으므로 그들이 그 도시를 건설하기를 그쳤더라
9 그러므로 그 이름을 바벨이라 하니 이는 여호와께서 거기서 온 땅의 언어를 혼잡하게 하셨음이니라 여호
와께서 거기서 그들을 온 지면에 흩으셨더라

종일묵상 Talk

권세를 회복하신 예수님과 구원의 방주

노아의 홍수 이후, 인간은 창조 때 주신 다스림의 권세를 상실합니다. 창세기 1장에서 하나님은 "움직이는 모든 생물을 다스리라 하시니라"라고 하셨지만 홍수 이후에는 '다스림'의 권세를 거둬 가십니다. 그러나 이 다스림의 권세는 예수님을 통해 다시 회복됩니다. 마태복음 28장 18절에서 부활하신 예수님은 이렇게 선언하십니다.

예수께서 나아와 말씀하여 이르시되 하늘과 땅의 모든 권세를 내게 주셨으니 (마태복음 28:18)

이 말씀을 통해 예수님이 땅의 모든 권세를 회복하실 뿐만 아니라 하늘 통치의 권세까지 온전히 받으셨음을 알 수 있습니다. 여기서 하늘은 단순히 '하늘(sky)'을 뜻하는 것이 아니라 영적 세계를 말합니다. 다시 말해 우리 눈에 보이는 모든 세계(땅의 권세)와 보이지 않지만 분명히 존재하는 영적 세계(하늘의 권세)까지 모든 권세가 예수님께 속해 있음을 선포하신 것입니다. 그렇기에 우리는 예수님, 그분의 이름으로 병을 치유하고, 아버지와 아들과 성령의 이름으로 세례를 주고, 세상 끝까지 복음을 전할 수 있습니다. 예수님께서 회복하신 권세는 또한 우리의 구원을 위한 하나님의 역사와 연결됩니다. 성경에서 방주를 뜻하는 아크(Ark)라는 단어는 세 가지의 중요한 의미로 등장합니다. 먼저는 홍수로부터 노아와 그의 가족을 구원하신 방주(Ark), 두 번째는 이집트에서 죽임을 당할뻔한 모세를 구원하신 갈대상자(Ark), 끝으로는 하나님의 임재와 말씀을 담은 언약궤(Ark) 역시 동일한 아크(Ark)로 표현됩니다. 모두 다 하나님께서 우리에게 은혜로 주신 구원의 공간을 의미하며 결국 예수 그리스도를 통해 구원을 완성하십니다.

여러분은 이 땅에서 어떤 방주를 짓고 있습니까? 결국 우리가 짓는 방주는 하늘과 땅의 모든 권세를 받으신 예수님을 통해 완성될 것입니다. 그분이 주시는 사명을 감당하며 구원의 방주에 오르기를 소망합니다.

14-3 하나님을 대적함의 정점, 바벨탑

#하나의언어, #바벨탑, #꼭대기

11:1온 땅의 언어가 하나요 말이 하나였더라 2이에 그들이 동방으로 옮기다가 ① 시
날 평지를 만나 거기 거류하며 3서로 말하되 자, 벽돌을 만들어 견고히 굽자 하고 이
에 ② 벽돌로 돌을 대신하며 역청으로 진흙을 대신하고 4또 말하되 자, ③ 성읍과 탑을
건설하여 그 탑 꼭대기를 하늘에 닿게 하여 우리 이름을 내고 ④ 온 지면에 흩어짐을
면하자 하였더니 (창11:1~4)

시날 평지

하나님을 대적하는 용사 니므롯
(함의 자손)이 터를 잡은 곳

벽돌로 돌을 대신

자연이 아닌 인간의 지혜로
만든 건축 자재

성읍과 탑 건설

자신의 위엄(우리의 이름)을
세상뿐만 아니라 하나님에게까지
닿게 하려는 욕망

흩어짐을 면하자

생육하고 번성하여 땅에 충만하라는
명령이 아닌 함께 모여 있음으로
더 강력한 도시를 건설

하나님의 계획하심과 도우심을 의지하지 않고
인간의 힘만으로 안전하고 강력한 세상을 만들고 지배하려는 교만

하나님을 대적함의 정점, 바벨탑

창세기 11장은 인간의 교만이 극에 달했던 바벨탑 사건을 기록합니다. 바벨탑은 단순한 건축 이야기가 아니라, 하나님의 뜻을 거스르며 스스로를 높이고자 했던 인간의 죄와 교만의 결정체입니다. 또한 이 사건은 오늘날 수많은 언어가 생겨나게 된 기원이기도 합니다.

11:1 온 땅의 언어가 하나요 말이 하나였더라

모든 인류가 하나의 언어로 소통하던 시기, 하나님께서는 그들이 하나 되어 하나님을 예배하고 선한 일을 도모하길 원하셨을 것입니다. 그러나 인간의 선택은 달랐습니다. 홍수 이후 하나님은 다시 한번 "땅에 퍼져 생육하고 번성하라"라고 명령하셨지만, 사람들은 이를 거부하고 시날 땅에 정착합니다. 이곳은 니므롯(함의 자손)이 세운 하나님을 대적하는 중심지로 인간의 교만이 모이는 장소가 됩니다.

"자, 벽돌을 만들어 견고히 굽자… 벽돌로 돌을 대신하고 역청으로 진흙을 대신하고…." 자연의 자원이 아닌 인간의 기술로 강력하고 안전한 성읍을 세우려는 시도가 이어집니다. 이는 단순한 건축이 아니라 자신들의 힘으로 하나님 없이 살아가고자 하는 의지의 표현이었습니다.

"자, 성읍과 탑을 건설하여 그 탑 꼭대기를 하늘에 닿게 하여 우리 이름을 내고 온 지면에 흩어짐을 면하자…." 그들의 목적은 하나님의 이름이 아니라 자신들의 이름을 높이는 것 그리고 하나님의 명령을 거부하고 흩어지지 않으려는 계획이었습니다. 이것은 하나님처럼 되려는 교만, 즉 에덴 동산에서 뱀이 하와에게 속삭인 말과 똑같은 유혹과 죄가 다시 반복된 사건이었습니다.

인간은 하나님의 도우심 없이 스스로를 높이고 영광을 얻고자 했습니다. 그러나 그런 욕망은 과연 어떤 결과를 낳게 될까요?

14-4 바벨을 흩으시는 하나님

#언어, #혼잡, #흩어짐

11:5 여호와께서 사람들이 건설하는 그 성읍과 탑을 보려고 내려오셨더라 6여호와께서
이르시되 이 무리가 한 족속이요 언어도 하나이므로 이같이 시작하였으니 이 후로는
그 하고자 하는 일을 막을 수 없으리로다 7자, 우리가 내려가서 거기서 그들의 언어를
혼잡하게 하여 그들이 서로 알아듣지 못하게 하자 하시고 8여호와께서 거기서 그들을
온 지면에 흩으셨으므로 그들이 그 도시를 건설하기를 그쳤더라 9그러므로 그 이름
을 바벨이라 하니 이는 여호와께서 거기서 온 땅의 언어를 혼잡하게 하셨음이니라 여
호와께서 거기서 그들을 온 지면에 흩으셨더라 (창11:5~9)

통일된 언어

하나님을 대적하는 도시 건설

바벨(Babel) : 혼잡, 혼란

언어를 혼잡하게 하심

사람들이 흩어짐

언어를 혼잡하게 하심

하나님은 사람들이 한 언어를 사용하며 힘을 합쳐 바벨탑을 쌓아 올리는 모습을 보시고 다음과 같이 말씀하셨습니다.

11:6여호와께서 이르시되 이 무리가 한 족속이요 언어도 하나이므로 이같이 시작하였으니
이 후로는 그 하고자 하는 일을 막을 수 없으리로다 7자, 우리가 내려가서 거기서 그들의
언어를 혼잡하게 하여 그들이 서로 알아듣지 못하게 하자 하시고

하나님은 인간이 교만한 마음으로 죄를 쌓아가는 것을 막기 위해 그들의 언어를 혼잡하게 하셨습니다. 한마음으로 도시와 탑을 건설하던 사람들은 갑자기 서로의 말을 알아듣지 못하게 됩니다. 마치 한 사람은 한국어로 말하고 다른 사람은 프랑스어로 말하는 것처럼 완전히 다른 언어로 나뉘게 된 것입니다. 이에 따라 그곳은 '혼잡, 혼란'을 의미하는 '바벨(Babel)'이라는 이름이 붙게 됩니다.

결국 사람들은 더 이상 협력할 수 없게 되었고 바벨탑 건설은 중단되었습니다. 언어가 달라지면서 소통이 불가능해졌고 하나님 없이 인간의 이름을 높이려 했던 강력한 도시 건설의 계획은 철저히 무너졌습니다. 하나님은 그들을 온 땅에 흩으셨고 바벨탑 사건은 하나님의 주권 아래 마무리되었습니다. 이 사건은 단순한 건축 실패가 아닙니다. 앞서 가인이 죄를 지은 후, 그 후손이 또다시 살인을 저질렀고 인간의 타락으로 땅이 저주받았던 것처럼 하나님께 대항하는 죄는 반드시 대가가 있다는 것을 보여줍니다.

바벨탑 사건은 인간의 교만이 낳은 직접적인 결과로, 인류에게 언어의 혼잡이라는 불편과 분열을 안겨준 비극의 역사입니다. 언어의 차이로 인해 겪는 불편함과 오해는 오늘날까지도 끊임없이 이어지고 있습니다. 이 이야기는 우리에게 말해줍니다. 모든 죄는 반드시 그에 따른 대가가 있으며 하나님 없이 쌓은 성은 결코 완성될 수 없다는 사실을 말입니다.

마가의 다락방에서 나타난 소통의 회복

하나님께서 인간의 언어를 혼잡하게 하시자, 하나님을 대적하려는 인간의 노력과 소통은 처절하게 무력화될 수밖에 없었습니다. 그런데 언어의 혼잡이라는 이 저주가 성령님의 임재로 다시 완전한 소통으로 회복되는 사건이 성경에 기록되어 있습니다.

사도행전 2:4 그들이 다 성령의 충만함을 받고 성령이 말하게 하심을 따라 다른 언어들로 말
하기를 시작하니라 5 그 때에 경건한 유대인들이 천하 각국으로부터 와서 예루살렘에 머
물러 있더니 6 이 소리가 나매 큰 무리가 모여 각각 자기의 방언으로 제자들이 말하는 것을
듣고 소동하여 7 다 놀라 신기하게 여겨 이르되 보라 이 말하는 사람들이 다 갈릴리 사람이
아니냐 8 우리가 우리 각 사람이 난 곳 방언으로 듣게 되는 것이 어찌 됨이냐 9 우리는 바대
인과 메대인과 엘람인과 또 메소보다미아, 유대와 갑바도기아, 본도와 아시아, 10 브루기
아와 밤빌리아, 애굽과 및 구레네에 가까운 리비야 여러 지방에 사는 사람들과 로마로부
터 온 나그네 곧 유대인과 유대교에 들어온 사람들과 11 그레데인과 아라비아인들이라 우
리가 다 우리의 각 언어로 하나님의 큰 일을 말함을 듣는도다 하고

사도행전 2장을 보면 마가의 다락방에서 오순절 성령의 임재를 경험한 제자들에게 주님은 모든 열방의 언어로 하나님의 큰 일을 말하는 방언의 은사를 주십니다. 하나님의 영이신 성령님의 오심으로 인해 서로 다른 민족들 사이에서 소통과 의사 교환이 완벽하게 이뤄진 것입니다. 한때 악의 도구였던 언어가 성령님의 임재 가운데 하나님의 구원을 알리는 거룩한 언어로 쓰이게 된 것입니다.

궁금해요

성경에 등장하는 40일의 의미

Q. 성경에 나오는 '40일'에는 특별한 의미가 있나요?

A. 성경에서 '40일'은 중요한 변화와 시험, 그리고 새로운 시작을 상징하는 의미를 지닙니다. 40일과 관련된 대표적인 사건은 다음과 같습니다.

1) 노아의 홍수와 40일

노아의 시대에 하나님께서는 40일 동안 비를 내리셨고(창세기 7:12), 결국 온 세상이 물에 잠기게 되었습니다. 이 40일은 단순한 폭우가 아니라, 이전 시대가 끝나고 새로운 시대가 시작되는 과정을 상징합니다.

2) 모세와 40일

모세는 십계명을 받기 위해 시내산에 올라 40일 동안 머물렀습니다(출애굽기 24:18). 이 기간 동안 모세는 하나님과 깊은 교제를 나누었고 이스라엘 백성을 위한 율법을 받게 됩니다.

3) 예수님의 40일 금식

예수님께서는 공생애를 시작하시기 전, 광야에서 40일 동안 금식하며 시험을 받으셨습니다(마태복음 4:2). 그 기간 동안 예수님은 마귀의 유혹을 물리치고 자신의 앞에 놓인 사명을 준비하셨습니다.

이처럼 성경에서 반복되는 '40일'은 단순한 시간을 넘어 인간이 변화하고 새로운 환경에 적응하는 데 필요한 준비의 과정을 의미합니다. 흥미롭게 자기계발 서적에도 '40일 동안 반복하면 습관이 된다'라는 말이 자주 등장합니다. 세상은 40일 동안 쏟아진 비로 인해 완전히 새로운 질서로 바뀌었습니다. 우리의 삶 역시 40일 동안 꾸준히 반복하는 습관을 통해 놀라운 변화의 문을 열 수 있습니다.

종일묵상 Talk

도시가 아닌 장막에 산다는 것

성경에서 도시는 단순한 거주지가 아니라, 인간 스스로의 힘으로 안전과 번영을 이루고자 하는 시도의 상징입니다. 바벨탑 사건에서 보듯, 사람들은 "흩어지지 말자"며 한곳에 모여 높은 탑을 세우고 도시를 건설했습니다. 이는 하나님의 명령과 정반대되는 태도였습니다. 하나님은 인간에게 "생육하고 번성하여 땅에 충만하라"(창세기 1:28, 9:1)라고 하셨지만, 인간은 하나의 강력한 문명을 스스로의 힘으로 구축하려 했습니다. 이러한 도시는 권력과 부의 집중, 인간의 우월감과 지배력, 자기 이름을 높이려는 욕망을 상징합니다. 바벨탑뿐만 아니라 이후의 역사 속에서도 도시는 인간의 힘을 극대화하기 위한 공간으로 기능했습니다. 도시화는 자본의 집중과 효율성을 가능하게 했고 사람들은 편리함과 안전함을 이유로 도시를 선택했습니다. 그러나 성경은 이런 문명화의 과정이 필연적으로 하나님과 멀어지게 됨을 경고합니다. 그렇다면 하나님은 이 도시 문명에 어떤 대안을 제시하셨을까요?

바벨탑 사건 이후 하나님은 새로운 길을 여셨습니다. 창세기 12장에서 하나님은 아브라함을 부르시고 그를 통해 새로운 백성을 형성하십니다. 그런데 아브라함의 삶은 도시와는 대조적이었습니다. 그는 성을 쌓지 않고 장막을 치며 살았습니다. 히브리서 11장은 이러한 삶의 방식이 믿음의 삶이었다고 말합니다.

믿음으로 그가 이방의 땅에 있는 것 같이 약속의 땅에 거류하여 동일한 약속을 유업으로 함께 받은 이삭 및 야곱과 더불어 장막에 거하였으니, 이는 그가 하나님이 계획하시고 지으실 터가 있는 성을 바랐음이라 (히브리서 11:9~10)

아브라함은 가난한 사람이 아니었습니다. 그는 많은 재산과 가축을 지닌 부유한 사람이었습니다. 그럼에도 불구하고 그는 성을 짓지 않고 떠돌이처럼 장막을 치며 정착하지 않고 살았습니다. 그 이유는 그가 이 땅의 성을 바라지 않고 하나님이 계획하시고 지으실 영원한 성을 기다렸기 때문입니다. 눈에 보이는 도시 문명 대신 그는 하나님의 약속을 따라 믿음으로 살아갔습니다. 도시와 장막은 성경 전체에서 중요한 메시지를 전달합니다. 도시는 인간이 자기 힘으로 쌓아 올린 문명의 상징이고 장막은 하나님을 의지하는 믿음의 상징입니다. 바벨탑은 인간이 자신의 이름을 높이려 한 결과였고 결국 흩어짐과 심판을 받았습니다. 롯은 소돔성을 선택했지만, 그 도시는 멸망했습니다. 예루살렘조차 하나님의 도성이라 불렸지만, 인간의 욕망과 타락 속에 세 번이나 무너졌습니다. 반면 아브라함과 그 후손들은 장막에 살며 하나님의 약속을 따라 나아갔습니다. 이는 우리가 이 땅에서 영원히 살 존재가 아님을 보여주는 믿음의 삶입니다.

성경의 마지막 책인 요한계시록은 '새 하늘과 새 땅'을 이야기하며 하나님께서 친히 세우실 '새 예루살렘'을 선포합니다. 인간이 세운 도성은 항상 무너졌지만, 하나님이 지으신 성은 영원합니다.

또 내가 새 하늘과 새 땅을 보니… 또 내가 보매 거룩한 성 새 예루살렘이 하나님께로부터 하늘에서 내려오니, 그 준비한 것이 신부가 남편을 위하여 단장한 것 같더라 (요한계시록 21:1~2)

우리는 이 땅에서 도시를 세우며 살고 있지만, 믿음의 삶은 하나님께서 계획하신 성을 바라보는 삶입니다. 믿음의 삶은 아브라함처럼 장막을 치며 살아가는 순례자의 삶입니다. 우리는 이 땅에 영원히 머물 존재가 아니며 하나님이 친히 준비하신 영원한 도성을 기다리는 구원의 백성임을 기억해야 합니다.

꼭 기억합시다!

① 노아의 허물을 들춰낸 아들 함과 그 아들 가나안으로부터 하나님을 대적하는 계보가 다시 등장합니다.

② 니므롯은 하나님을 대적하는 용사였으며 가나안의 후손들은 저주에도 불구하고 세상적으로는 번성해 나갑니다.

10:8구스가 또 니므롯을 낳았으니 그는 세상에 첫 용사라 9그가 여호와 앞에서 용감한 사냥꾼이 되었으므로 속담에 이르기를 아무는 여호와 앞에 니므롯 같이 용감한 사냥꾼이로다 하더라

③ 하나님은 노아의 아들 셈과 그 후손을 통해 믿음의 계보를 이어가십니다.

④ 인간의 죄악은 다시 극에 달하고 그들은 마침내 바벨탑을 건설합니다. 바벨탑을 통해 그들은 하나님처럼 되고자 하는 욕망과 교만의 극치를 드러냅니다.

11:4 또 말하되 자, 성읍과 탑을 건설하여 그 탑 꼭대기를 하늘에 닿게 하여 우리 이름을 내고 온 지면에 흩어짐을 면하자 하였더니

⑤ 하나님은 바벨탑 건설을 막기 위해 하나였던 언어를 혼잡하게 하십니다. 이로 인해 바벨탑 건설은 중단되고 인류는 다시 흩어집니다.

11:6여호와께서 이르시되 이 무리가 한 족속이요 언어도 하나이므로 이같이 시작하였으니 이 후로는 그 하고자 하는 일을 막을 수 없으리로다 7자, 우리가 내려가서 거기서 그들의 언어를 혼잡하게 하여 그들이 서로 알아듣지 못하게 하자 하시고 8여호와께서 거기서 그들을 온 지면에 흩으셨으므로 그들이 그 도시를 건설하기를 그쳤더라

오늘의 나눔

① 내 이름을 높이기 위해 세운 '바벨탑' 같은 것이 있나요? 그 탑은 나에게 어떤 안정감을 주나요?

② 하나님께서 어떤 계획을 막으셨을 때, 그것을 나의 실패로만 받아들였던 적은 없었나요? 혹시 그 사건에 교만에 대한 경고가 있지는 않았나요?

③ 오랫동안 준비한 계획이나 노력이 무너졌던 순간이 있다면, 그 일을 통해 하나님은 나를 어디로 이끄셨나요?

마무리 기도

하나님, 우리에게 성령을 충만케 하사 거룩한 소통과 하늘의 언어로 내 입이 가득하게 하소서. 욕망의 도시가 아니라 하나님이 다스리시는 새 예루살렘을 구하게 하소서.

“

아브람의 족보는 인간의 연약함과
계속되는 심각한 문제를 보여 줍니다.
그러나 가장 약하고 문제 있는
그 지점에서부터 하나님의 개입과
섭리는 시작됩니다.

”

Part 11

한 가문을 부르시는 하나님

Day15 아브람과 부르심

셈의 족보와 아브람의 등장

아브람의 고난과 하나님의 택하심

『종일묵상, 창세기 2』 미리보기

Day 15. 아브람과 부르심

종일묵상 성경공부 아래 QR 코드에 접속하면 저자 김종일 목사님과 함께 성경 공부를 할 수 있습니다.

종일묵상 창세기 15강

오늘의 기도 아래 기도를 따라 읽으며 성경 공부를 준비해 봅시다.

오늘 이 시간을 통해 믿음의 자녀를 놓지 않으시는 하나님의 신실하심을 기억하며 하나님의 부르심 앞에 아브람과 같이 순종할 수 있는 믿음을 허락하소서.

복습하기 아래 키워드를 보고 지난 시간의 내용을 기억해 보세요.

니므롯 셈 바벨탑

오늘의 내용

1. 셈의 족보와 아브람의 등장
2. 아브람의 고난
3. 하나님의 택하심

오늘의 핵심 구절

사래는 임신하지 못하므로 자식이 없었더라 (창11:30)

오늘의 본문 창세기 11장 10~32절

10 셈의 족보는 이러하니라 셈은 백 세 곧 홍수 후 이 년에 아르박삿을 낳았고

11 아르박삿을 낳은 후에 오백 년을 지내며 자녀를 낳았으며

12 아르박삿은 삼십오 세에 셀라를 낳았고

13 셀라를 낳은 후에 사백삼 년을 지내며 자녀를 낳았으며

14 셀라는 삼십 세에 에벨을 낳았고

15 에벨을 낳은 후에 사백삼 년을 지내며 자녀를 낳았으며

16 에벨은 삼십사 세에 벨렉을 낳았고

17 벨렉을 낳은 후에 사백삼십 년을 지내며 자녀를 낳았으며

18 벨렉은 삼십 세에 르우를 낳았고

19 르우를 낳은 후에 이백구 년을 지내며 자녀를 낳았으며

20 르우는 삼십이 세에 스룩을 낳았고

21 스룩을 낳은 후에 이백칠 년을 지내며 자녀를 낳았으며

22 스룩은 삼십 세에 나홀을 낳았고

23 나홀을 낳은 후에 이백 년을 지내며 자녀를 낳았으며

24 나홀은 이십구 세에 데라를 낳았고

25 데라를 낳은 후에 백십구 년을 지내며 자녀를 낳았으며

26 데라는 칠십 세에 아브람과 나홀과 하란을 낳았더라

27 데라의 족보는 이러하니라 데라는 아브람과 나홀과 하란을 낳고 하란은 롯을 낳았으며

28 하란은 그 아비 데라보다 먼저 고향 갈대아인의 우르에서 죽었더라

29 아브람과 나홀이 장가 들었으니 아브람의 아내의 이름은 사래며 나홀의 아내의 이름은 밀가니 하란의
딸이요 하란은 밀가의 아버지이며 또 이스가의 아버지더라

30 사래는 임신하지 못하므로 자식이 없었더라

31 데라가 그 아들 아브람과 하란의 아들인 그의 손자 롯과 그의 며느리 아브람의 아내 사래를 데리고 갈대
아인의 우르를 떠나 가나안 땅으로 가고자 하더니 하란에 이르러 거기 거류하였으며

32 데라는 나이가 이백오 세가 되어 하란에서 죽었더라

15-1 셈의 족보와 아브람의 등장

#셈, #아브람, #문제

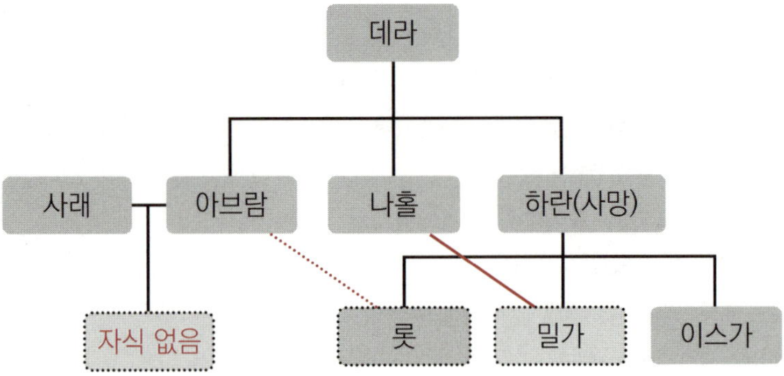

데라(아브람의 父) 집안의 문제

1) 늦은 출산

셈의 모든 자손은 대부분 30대에 첫 아이를 출산하지만 아브람의 아버지 데라는 그들보다 2배가량 늦은 70세에 아브람을 낳음

2) 하란의 죽음(자녀, 형제의 죽음)

하란은 데라보다 먼저 우르에서 죽음을 맞이함 데라는 자식을 먼저 잃는 슬픔을, 아브람은 막내 동생의 죽음을 경험함

3) 자녀의 부재

아브람은 75세가 넘도록 자녀를 갖지 못했음 가문을 이어갈 수 없는 절망적인 상황

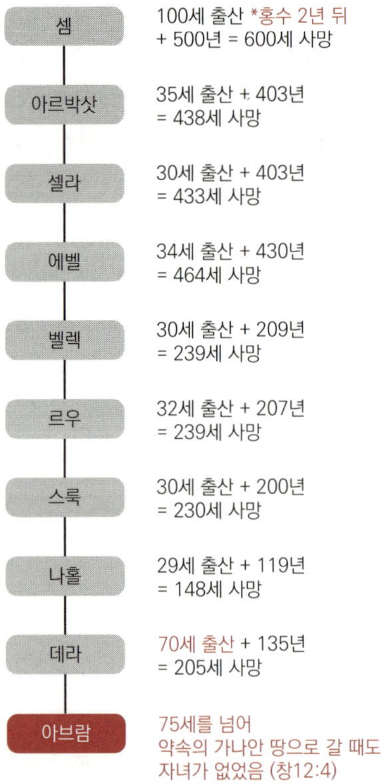

셈의 족보와 아브람의 등장

바벨탑 사건이 끝난 후에는 노아의 아들, 셈의 족보가 등장합니다. 셈은 홍수 2년 뒤인 100세에 아르박삿을 낳습니다. 그리고 500년을 더 살다가 600세에 숨을 거둡니다. 셈의 족보에는 이와 같은 패턴이 계속해서 반복됩니다. 그렇게 족보를 따라가다 보면, 드디어 우리가 잘 아는 성경 속 인물 아브람[1)]이 등장합니다.

아브람의 인생을 살펴보기 전, 먼저 봐야 할 인물은 그의 아버지 데라입니다. 홍수 이후 태어난 아르박삿부터 데라의 아버지 나홀까지의 삶을 보면 그들은 대략 삼십 대에 첫 자녀를 낳습니다. 그런데 유독 데라는 조상들이 자녀를 낳았던 나이보다 훨씬 늦은 70세에 아브람을 낳습니다. 늦게 아이를 낳은 만큼 자녀를 낳는 일이 조상들처럼 자연스럽고 당연한 일로 여겨지지 않는 괴로움의 시간이 있었을 것입니다. 그렇게 첫아들 아브람을 낳은 후, 데라는 나홀과 하란까지 얻습니다. 그런데 셋째 아들 하란이 갈대아 우르에서 먼저 생을 마감합니다. 늦게 얻은 자식을 먼저 보낸 슬픔이 데라를 집어삼켰을 것입니다. 아브람 역시 자신의 동생을 잃은 충격으로 괴로운 시간을 보냈을 것입니다.

하지만 이보다 더 큰 고난이 아브람 앞에 있었으니, 바로 본인도 자녀를 얻지 못하고 있다는 사실이었습니다. 아브람은 결혼하여 사래를 아내로 맞습니다. 그러나 아버지 데라가 자신을 낳았던 70세를 넘어, 본인은 75세가 되어서도 자녀를 얻지 못하고 있었습니다. 자녀가 없던 아브람은 죽은 동생의 아들인 조카 롯을 챙깁니다. 그리고 아브람의 동생 나홀은 하란의 딸인 밀가를 아내로 맞이합니다. 아버지가 없는 자녀들을 자신들만의 방법으로 거두는 일이었을 것입니다.

1) 하나님은 아브람에게 언약을 맺으시며 '많은 민족의 아버지'가 될 것을 약속하시고 이름을 아브라함으로 바꿔주셨다.

15-2 아브람의 고난과 하나님의 택하심

#떠남, #데라, #부르심

11:31 데라가 그 아들 아브람과 하란의 아들인 그의 손자 롯과 그의 며느리 아브람의 아
내 사래를 데리고 갈대아인의 우르를 떠나 가나안 땅으로 가고자 하더니 하란에 이
르러 거기 거류하였으며 32 데라는 나이가 이백오 세가 되어 하란에서 죽었더라

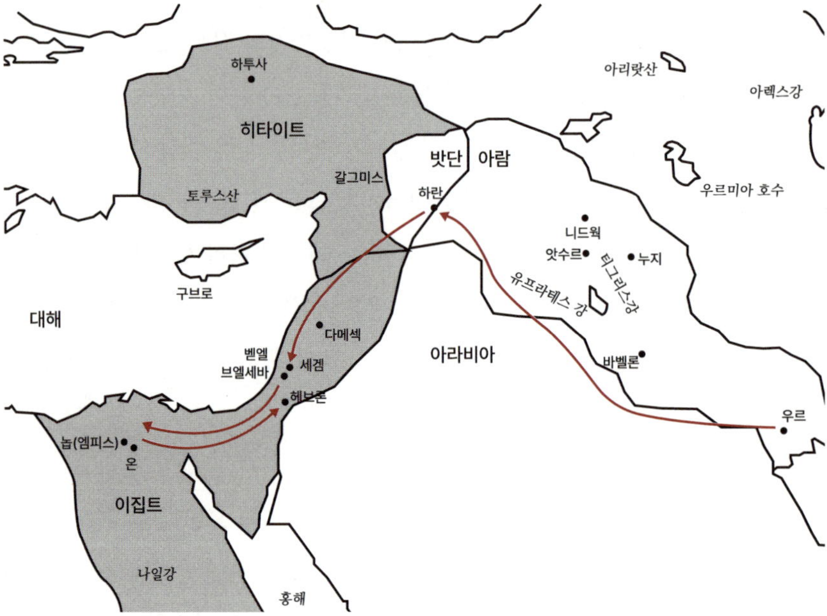

아브람의 문제

1) 자녀가 없음

75세를 넘어 약속의 가나안 땅으로 갈 때도 자녀가 없었음

2) 고향을 떠남

긴 여정과 낯선 땅의 두려움

3) 아버지의 죽음

의지하던 존재가 사라짐

아브람의 고난과 하나님의 택하심

아브람은 아버지 데라를 따라 고향인 갈대아 우르를 떠납니다. 이 여정에는 아브람과 아내 사래 그리고 조카 롯이 함께했습니다. 그들이 가고자 했던 목적지는 하나님이 주신 약속의 땅, 가나안이었습니다. 하지만 목적지인 가나안으로 가던 도중 아버지 데라가 하란에서 죽음을 맞이합니다.

아브람의 상황은 어땠을까요? 익숙한 고향을 떠나 긴 여정으로 지친 몸을 이끌고 낯선 땅 하란에 머물러야 하는 어려움과, 믿고 의지하던 아버지마저 돌아가신 상황에 눈앞이 캄캄하고 길이 보이지 않는 괴로운 날들을 살아가고 있었을 것입니다. 사실 이 모든 어려움보다 아브람을 괴롭힌 것은 자녀가 없는 현실이었는지도 모릅니다. 수많은 인류가 하나님의 축복과 명령에 따라 번성하고 있을 때 그 당연한 일이 안 되는 한 사람, 대를 이어갈 수 없는 상황에 놓인 한 가문, 인간의 힘으로 해결할 수 없는 문제 앞에 아브람은 좌절하고 있었습니다.

하지만 하나님은 그런 아브람을 택하시고 부르십니다. 구원은 받을만한 사람에게 주어지는 것이 아닙니다. 도저히 구원받기 불가능해 보이는 사람과 그 집안을 선택하시는 하나님의 은혜가 있기 때문에 구원받을 수 있는 것입니다.

우리는 때때로 누군가는 마땅히 구원받을 만한 사람처럼 보고 또 어떤 이는 도저히 구원받을 수 없을 것처럼 여기기도 합니다. 그러나 성경은 아브람의 이야기를 통해 희망이 보이지 않고 구원이 불가능해 보이는 상황에서도 하나님께서 친히 선택하시고 역사하심을 보여줍니다. 결국, 구원은 우리의 조건이나 가능성이 아니라 전적으로 하나님의 은혜에 달려 있습니다.

아브람을 부르시고 하나님의 사람으로 빚어가시는 은혜와 섭리는 『종일묵상, 창세기 2』에서 계속 만나실 수 있습니다.

궁금해요

하나님은 왜 노아에게 긴 생명을 허락하셨을까?

Q. 홍수 이후에도 노아는 오랫동안 장수합니다. 어떤 이유가 있는 걸까요?

A. 노아는 950세의 나이로 사망합니다. 하나님께서는 왜 그를 이렇게 오랜 시간 동안 이 땅에 남겨두셨을까요? 그 이유는 그의 입술을 통해 홍수 이전과 이후의 사건들이 전수되어야 했기 때문입니다.

우리는 성경에서 노아가 포도주에 취해 부끄러운 실수를 했던 것을 보게 됩니다. 그러나 하나님은 그러한 인간적인 연약함에도 불구하고 그를 긴 세월 동안 사용하셨습니다. 노아는 822세에 데라를 보았고 데라는 70세에 아브라함을 낳았습니다. 즉, 노아는 아브라함이 58세가 될 때까지도 살아 있었습니다. 이를 통해 우리는 하나님께서 믿음의 조상들에게 역사의 증인을 남겨 두셨음을 알 수 있습니다.

노아가 살아 있는 동안 그는 홍수 이전의 세계와 그 이후의 변화, 바벨탑 사건까지도 후손들에게 전할 수 있었습니다. 그의 삶은 단순히 오래 사는 것이 목적이 아니라, 하나님의 역사를 다음 세대에 남기는 것이었습니다.

이러한 흐름 속에서 창세기의 족보가 우리에게 주는 중요한 메시지가 있습니다. 우리는 단순히 자녀를 낳고 가업을 잇는 것만이 아니라 우리의 입술을 통해 하나님의 스토리를 전해야 한다는 것입니다.

오늘날도 사람들은 스토리를 중요하게 여깁니다. 드라마, 영화, 책을 통해 다양한 이야기가 남겨지고 전달됩니다. 수많은 스토리가 있는 이 세상에서 우리가 기억해야 할 것은 성경이 단순히 옛날 이야기를 전하는 책이 아니라는 사실입니다. 성경은 하나님의 계시가 담긴 이야기이며 우리의 삶을 통해 계속해서 이어져야 하는 스토리입니다.

창세기는 모세가 광야에서 이스라엘 백성들에게 전한 이야기입니다. 그들에게 창세기에 나오는 족보 이야기는 단순한 조상의 기록 이상의 의미가 있었습니다. 그 속에는 하나님의 인도하심과 약속이 담겨 있었기 때문입니다. 노아는 아브라함이 태어나고 성장하는 동안 살아 있었고 믿음의 후손들에게 하나님의 스토리를 남겼습니다. 그리고 창세기 11장은 아브라함을 소개하며 마무리됩니다. 이제 하나님은 노아를 통해 이어진 믿음의 이야기를 아브라함을 통해 새롭게 펼쳐 가십니다.

이처럼 우리의 인생도 그냥 흘러가는 것이 아닙니다. 우리가 해야 할 일은 단순히 살아가는 것이 아니라, 우리의 후손들에게 하나님의 스토리를 남기는 것입니다.

꼭 기억합시다!

① 셈의 족보를 따라 이어지는 계보 속에서 마침내 '믿음의 조상'으로 불리는 아브람이 등장합니다.

11:26 데라는 칠십 세에 아브람과 나홀과 하란을 낳았더라

② 아브람은 아버지 데라가 늦은 나이에 자녀를 낳았던 문제, 형제 하란의 죽음, 결정적으로 자신에게 자녀가 없는 큰 문제를 가지고 있었습니다.

11:30 사래는 임신하지 못하므로 자식이 없었더라

③ 아브람은 아버지 데라와 함께 고향 우르를 떠나는 여정을 시작했지만, 하란에서 아버지가 죽고, 그에게는 아내 사래와 조카 롯만 남게 됩니다.

11:31 데라가 그 아들 아브람과 하란의 아들인 그의 손자 롯과 그의 며느리 아브람의 아내 사래를 데리고 갈
대아인의 우르를 떠나 가나안 땅으로 가고자 하더니 하란에 이르러 거기 거류하였으며
32 데라는 나이가 이백오 세가 되어 하란에서 죽었더라

④ 하나님은 이런 상황에 있는 아브람을 부르시고 가나안 땅으로 나아가라고 말씀하십니다.

12:1여호와께서 아브람에게 이르시되 너는 너의 고향과 친척과 아버지의 집을 떠나 내가 네게 보여 줄 땅으
로 가라 2내가 너로 큰 민족을 이루고 네게 복을 주어 네 이름을 창대하게 하리니 너는 복이 될지라 3너를
축복하는 자에게는 내가 복을 내리고 너를 저주하는 자에게는 내가 저주하리니 땅의 모든 족속이 너로 말
미암아 복을 얻을 것이라 하신지라

⑤ 아브람은 눈 앞에 보이는 암담한 현실에도 불구하고 하나님께서 말씀하신 그 땅을 향해 믿음으로 나아갑니다.

12:4이에 아브람이 여호와의 말씀을 따라갔고 롯도 그와 함께 갔으며 아브람이 하란을 떠날 때에 칠십오 세
였더라 5아브람이 그의 아내 사래와 조카 롯과 하란에서 모은 모든 소유와 얻은 사람들을 이끌고 가나안
땅으로 가려고 떠나서 마침내 가나안 땅에 들어갔더라

오늘의 나눔

① 아브람처럼 익숙한 것을 내려놓고 떠난 경험이 있나요? 그 선택은 지금 내게 어떤 의미로 남아 있나요?

② 불확실하고 막막한 상황에서도 하나님의 말씀을 따라 한 걸음 내디뎠던 적이 있나요? 그때 하나님은 어떻게 길을 보여주셨나요?

③ 하나님이 약속하신 '가나안'은 내게 어떤 모습인가요? 나는 지금 그 부르심을 따라가고 있다고 확신할 수 있나요?

마무리 기도

죄악이 가득한 시대 속에서도 끝까지 구원의 손길을 거두지 않으시는 하나님의 은혜에 감사드립니다. 눈앞의 현실이 아닌 하나님께서 주신 언약을 기억하며 믿음으로 살아가는 주님의 자녀가 되게 하소서.

『종일묵상, 창세기 2』 미리보기

망원경에서 현미경으로, 우주에서 개인으로

우리는 『종일묵상, 창세기 1』을 통해 하나님의 위대한 창조, 인간의 비극적 타락, 그리고 그 속에서도 끊임없이 이어지는 구원의 역사를 함께 살펴보았습니다. 이제 두 번째 여정인 『종일묵상, 창세기 2』에서는 창세기 12장부터 26장까지, 아브람에서 이삭으로 이어지는 한 가문의 이야기를 중심으로 하나님이 어떻게 구원의 약속을 이어 가시는지 살펴보려 합니다.

창세기 1~11장이 우주의 기원, 인류의 타락, 심판과 새로운 시작을 다루며 거대한 스케일의 서사를 펼쳤다면, 12장 이후는 한 사람 한 가정의 삶이 매우 구체적이고 섬세하게 그려지고 있습니다. 하나님께서 세상을 창조하신 위대한 분이시며 동시에 우리의 이름을 부르시고 눈물과 기쁨, 실수와 후회가 얽힌 나날 속에 함께하시는 분임을 증언합니다.

창세기 12장은 하나님께서 아브람을 부르시는 장엄한 명령으로 시작합니다.

여호와께서 아브람에게 이르시되 너는 너의 고향과 친척과 아버지의 집을 떠나 내가 네게 보여 줄 땅으로 가라 (창12:1)

가나안은 비옥하지만, 결코 평화로운 곳이 아니었습니다. 이집트, 앗수르, 바벨론 같은 강대국 사이에 있는 전략적 요충지였기에 끊임없는 전쟁과 침략이 이어지는 땅이었습니다. 인간적으로 보면 대대손손 평안히 살기에 적합하지 않은 곳이었습니다. 그러나 하나님은 아브람에게 그곳으로 나아가라고 명하십니다.

내가 너로 큰 민족을 이루고 네게 복을 주어 네 이름을 창대하게 하리니 너는 복이 될지라 (창12:2)

아브람은 약속을 붙들고 나아가지만, 현실은 녹록지 않았습니다. 약속의 땅에서 기근을 만나 이집트로 내려가야 했고(창12:10), 그곳에서 아내 사래를 누이라고 속여야 하는 치욕을 겪었습니다. 조카 롯과의 갈등으로 땅을 나누고 헤어져야 했습니다(창13장). 하지만 하나님은 그런 어려움과 갈등 속에서도 아브람에게 밤하늘의 별처럼 셀 수 없는 자손을 약속하셨습니다(창15장). 그리고 불타는 횃불이 쪼갠 짐승 사이를 지나가는 상상 못할 언약을 체결하셨습니다.

그러나 기다림은 길었습니다. 아브람과 사래는 하나님의 약속이 더디자 하갈을 통해 이스마엘을 낳는 잘못을 저질렀습니다(창16장). 하지만 하나님은 사래의 이름을 사라로, 아브람의 이름을 아브라함으로 바꾸시며(창17장) 그들에게 이삭이라는 약속의 아들을 주시겠다고 선언하십니다.

이삭이 태어난 것은 기적이었습니다. "사라가 백 세의 남편에게 아들을 낳았다"라는 사실은 하나님의 약속이 인간의 불가능을 넘어 성취됨을 보여 줍니다(창21장). 그러나 기쁨은 곧 시험으로 이어졌습니다. 하나님께서 이삭을 번제로 바치라는 명령을 내리셨기 때문입니다(창22장). 아브라함은 이해할 수 없는 이 요구 앞에서 순종했습니다. 그러나 하나님은 이삭 대신 숫양을 준비하시며 당신의 구원 계획을 암시하셨습니다. 이 사건은 예수 그리스도의 대속을 예표하는 장면으로 해석되기도 합니다. 이삭의 삶도 평탄하지 않았습니다. 그는 기근을 피해 그랄로 내려가서 아버지처럼 아내를 누이라고 속였습니다(창26장). 그러나 하나님은 이삭과도 언약을 새롭게 하셨습니다. 그리고 리브가와의 사이에서 에서와 야곱이라는 쌍둥이를 주셨는데, 두 아들은 태중에서부터 다투었습니다. 장자는 에서였지만, 하나님은 야곱을 선택하셨습니다(창25장).

하나님은 이렇게 택하신 한 가문을 통해 언약을 이어 가셨습니다. 실패와 불신, 속임수와 질투, 전쟁과 기근이 끊이지 않는 현실에서도 하나님의 약속은 한 번도 꺾이지 않았습니다. 하나님은 아브라함과 이삭과 야곱을 통해 우리가 어떤 존재인지 하나님이 어떤 분이신지를 선명히 드러내십니다.

왜 하나님은 창세기의 이토록 긴 분량을 한 가문 이야기로 채우셨을까요? 그것은 아브라함, 이삭, 야곱의 이야기가 곧 우리의 이야기이기 때문입니다. 하나님께 부름받은 인생에도 문제와 아픔이 사라지지 않습니다. 약속을 붙들고 살지만 여전히 흔들리고 실패하기도 합니다. 인간의 의심과 두려움, 갈등과 잘못이 결코 사라지지 않습니다. 그러나 중요한 사실은 하나님이 그런 인생을 절대 포기하지 않으신다는 것입니다.

『종일묵상, 창세기 2』는 여러분께 한 사람의 인생 여정, 한 가문 안에서 일어나는 여러 사건을 조밀하고 꼼꼼하게 살피는 현미경식 관찰을 제공할 것입니다. 창세기 1~11장이 마치 천체 망원경으로 바라본 하나님의 창조와 구원의 장엄한 풍경들이었다면, 12장부터 펼쳐지는 아브라함의 인생 여정은 우리의 삶을 대하시는 하나님이 어떤 분이신지를 깨닫게 할 것입니다. 우리가 만나는 일상의 갈등, 선택의 순간들이 어떻게 하나님의 손길을 경험하는 계기로 바뀌게 되는지 묵상하게 될 것입니다.

종일묵상
창세기 1

초판 1쇄 인쇄 2025년 7월 16일
초판 1쇄 발행 2025년 7월 28일

지 은 이 김종일
발 행 인 양세진
편 집 정보옥, 양세진
디자인&일러스트 전혜진
강의제작 이준용, 정보옥
인 쇄 예림인쇄

펴낸곳 램프앤라이트
주소 서울특별시 서초구 바우뫼로 39길 67-17, 서경빌딩 3층
전화 070-8670-4340 / **팩스** 0504-848-4340
등록 2008년 4월 21일, 제2025-000066호
블로그 blog.naver.com/lampnlight
유튜브 채널 www.youtube.com/@종일묵상
이메일 lampnlight@naver.com

누구나 어디서나 성경을 배우는, 종일묵상

책값은 표지 뒤쪽에 있습니다.

ISBN 979-11-89598-70-9